新装版
100円
丼
JN156862

はじめに

ひとり暮らしのサラリーマンから忙しい主婦まで、食器ひとつで1食が済んでしまう「丼」は魅力的。本書では、累計18万部突破のシリーズから究極にて、ごくうまの100丼を厳選して1冊にまとめました。誰でも簡単においしく作れるように3ステップでレシピを紹介。さらに100円以内で作れるので、1カ月ひとりあたりの食費が9000円以内で済むという経済的にもおいしい作りになっています。

100円以内でも必ず満足のボリュームと味はもちろんのこと、さらにカサ増しや代用するアイディアまで詰まっているので、作るだけでいつの間にか食費達人(!?)になるようになっています。

また食材別に紹介しているので冷蔵庫にある食材を使ったり、つねに旬の安い食材をチェックして、足したり引いたり、余ったら冷凍して保存するなど工夫して、自分なりの旨い1品を作って欲しいと願っております。

本書を片手においしい丼生活を楽しんでもらえば最高です!

もくじ

なにはともあれ卵から

生をのせたり
8 卵黄にらひき丼
9 卵黄しらす丼
温泉卵をのせたり
10 温玉カルボナーラ丼
10 温玉天かす丼
11 エッグベネディクト丼
12 ピリ辛温玉もつ焼丼
焼いたり、炒めたり
12 目玉焼きチャーシュー丼
13 ベーコンエッグ丼
13 目玉焼きのせお好み焼き丼
14 オム明太丼
14 オム豚平丼
15 オムスフレ丼
16 炒り卵アジアン丼
17 炒り卵とトマト丼
17 にら玉あんかけ丼
とじたり
18 卵とじ油麩丼
19 卵とじ三つ葉とみょうが丼

たよりになる野菜

切ってのせるだけ
22 シーザーサラダ丼
23 アボトマ丼
23 和風トマト丼
煮たり、炒めたり
24 野菜ちらし丼
24 かぶのみぞれ煮あん丼
25 小松菜炒め丼
25 ピリ辛空芯菜炒め丼
26 大根の葉炒め丼
26 トマキムチーズ丼
27 アボカドきのこバター炒め丼
27 ロースト玉ねぎの桜海老丼
28 しりしり丼
28 もやし山椒炒め丼
29 チャプチェ丼
30 ビビンバ丼
31 甘酢なす丼
32 ふっくら！ なす蒲焼き丼
32 なすピーマン醤丼
33 なすのはさみ揚げ焼き丼
揚げたり
34 紅しょうがとちくわのかき揚げ丼
35 野菜たっぷり味噌天丼

魚は缶詰も使う

魚の缶詰
38 さんま蒲焼き缶の卵とじ丼
38 さば缶の大根煮丼
39 さば缶で甘味噌炒め丼
のせたり
40 鮭フレーク丼
40 明太子と長いもサクサク丼
揚げたり
41 鮭カツレツ丼
41 ハントンライス丼
焼いたり、炒めたり
42 チリマヨシーフード丼
42 焼きさば塩ほぐし丼
43 ぽんぽん焼き七味マヨ丼
ツナ缶詰
44 ツナしぐれ煮丼
44 ツナマヨ丼
45 ツナ缶とクリームチーズのっけ丼
45 ツナマヨ昆布丼

いつもときめくのは肉

そぼろあれこれ
48 じゃじゃ丼
48 餃子あん丼
49 うま辛坦々丼
49 汁無しピリ辛担々丼
50 キーマカリー丼
50 そぼろケバブライス丼
51 ピリ辛そぼろ丼

カツ揚げたり
52 ミルフィーユカツ丼
53 ソースカツ丼
から揚げ 揚げたり
54 油淋鶏丼
55 から揚げトマトだれ丼
55 から揚げジャン丼
56 ドミグラチキン丼
57 山賊焼き丼
鶏焼いたり、茹でたり
58 鶏の甘辛丼
59 鶏のナッツがけ丼
59 タッカルビ丼
豚焼いたり
60 豚プルコギ丼
60 ユッケジャン風丼
61 豚焼き味噌マヨ丼
61 豚といんげん炒め丼
62 豚と青梗菜丼
62 豚のこってり焼き丼
63 カリカリ焼き豚丼

やっぱり欠かせない ねり物・揚げ・納豆・豆腐・加工品・お菓子

ちくわ、はんぺん
66 手ぬきのちくわ天丼
66 ちくわタヌキ丼
67 はんぺん竜田丼
厚揚げ、油揚げ
68 油揚げのねぎ味噌だれ丼
68 油揚げのしょうがじょうゆがけ丼
69 厚揚げ中華丼
豆腐
70 豆腐で肉巻き丼
71 麻婆豆腐丼
71 塩麻婆豆腐丼
72 簡単！豆腐チャンプル丼
72 炒り豆腐の卵とじ丼
73 豆腐あんかけ丼
73 豆腐バーグ海苔ちらし丼
納豆
74 焼き納豆じゃが丼
74 納豆オムレツ丼
75 納豆ねばねば丼
75 納豆そぼろ丼
魚肉ソーセージ、ソーセージとベーコン、ハム
76 魚肉ソーセージのトッポギ風丼
76 魚肉ソーセージでチャンプル丼
77 ソーセージの和風バター炒め丼
77 懐かしハムカツ丼
お菓子
78 柿ピーの食べるラー油丼
79 柿ピー梅のり風味鶏巻き丼
79 じゃがっこサラダ丼

20 丼のおとも 食材ひとつで簡単小鉢
36 丼のおとも さっぱりお漬けもの
46 丼のおとも 日々のあったかスープ
64 今日は茶漬けか

本書のルール

・本書では、1人分の材料の値段が100円以内で作れる丼を紹介しています。
・丼レシピには1人分の値段の目安が表示されています。
・各レシピの値段には、ご飯の主食、油や調味料、スープの素などの常備食材やトッピングに適量などと表示された食材は値段に含まれていません。
・本書に表示した価格は2011年8月～11月と2015年6月～8月現在の東京近郊のスーパーマーケットでの特売品を参考にしています。（編集部調べ）
＊丼のご飯は250～300g使用していますが、お好みで調整してください。
＊計量の単位は、1カップ＝200㎖、大さじ1＝15㎖、小さじ1＝5㎖です。
＊本書では電子レンジは600wを基準にしております。機種によって加熱時間に差があるので、表示時間を目安に様子をみながら加熱してください。
＊材料表に記した個数・本数などは目安です。正確な分量は量りで正しく計量してください。
＊特に表示のない限り、魚介類や野菜の「洗う」「皮をむく」「ヘタをとる」「根元をとる」「種をとる」など下処理は省略しています。
＊水溶き片栗粉は、水2に対して片栗粉1の割合で調理をしております。
例：水溶き片栗粉…大さじ3＝水大さじ2＋片栗粉大さじ1
＊分量はあくまでも目安なのでお好みで調整してください。

丼知識

～あなたの丼生活を一層おいしくする豆知識

ご飯

ちょっと贅沢にこだわりたいなら

最初はミネラルウォーターである程度研ぎます。途中は水道水でもオッケー。さらに炊く分の水もミネラルウォーターを使用し、スイッチを入れる前に30分以上つけておくと、おいしいご飯が炊きあがります。また、つゆだく系の丼を作る場合、ご飯を炊く際の水を少なめにするとちょうどいい。残ったご飯はラップしてある程度冷ましてから冷凍すること！次回からもおいしく食べられます。

揚げ物

残った揚げ物のおいしい食べ方

作ってから時間の経った揚げ物は、オーブントースターで温めると余分な脂も落ちて、サクサク感が復活します。トースターの汚れ防止にクッキングペーパーをひいて、温め終わったらキッチンペーパー等で余分な脂を取りましょう。

野菜

余った野菜は簡単おしんこに

キャベツやきゅうり、にんじんなど余った野菜はおしんこにしてみよう。まず適度な大きさに切って、ビニール袋に入れ、塩を加えて軽くもむ。そこに塩昆布を入れて30分ほど冷蔵庫でねかす。お好みでしょうが、だしの素、七味唐辛子を入れても○。冷蔵庫から出して、ごま、かつお節、だしじょうゆ、ごま油をかけたら、できあがり。

温泉卵

市販より、簡単に自分で作ってみよう

適度な大きさのタッパーに卵を割り入れ、つまようじで黄身にそっと2、3箇所の穴をあける。1／4カップの水を加えレンジで50秒ほど温め、できたら残った水を捨てて完成。カップラーメンの容器などに生卵とお湯を入れて15分くらいおいても作れます。

なには　ともあれ　卵から

生をのせたり

にんにくたっぷり

卵黄にらひき丼

【材料】（1人分）

卵黄…1個分
豚ひき肉…100g
にら…2本
ごま油…小さじ1
A［はちみつ…小さじ1
　砂糖・酒…各大さじ1
　おろしにんにく・おろししょうが
　　…各小さじ1/2
　しょうゆ…大さじ2］

【作り方】

1. にらは1cm幅に切る。
2. フライパンにごま油を熱し、ひき肉を炒めて火が通ったら、にらと混ぜ合わせたAを加え、水分を飛ばしてできあがり。
3. ご飯に盛って、卵黄をのせる。

ONE POINT 豆板醤・ラー油・コチュジャンを加えてピリ辛味に。またAに味噌大さじ1を加えると肉味噌になります。麻婆豆腐、なす味噌、ジャージャー麺などにも活用OK!

海の幸をのせるだけ

卵黄しらす丼

【材料】(1人分)

卵黄…1個分
釜揚げしらす…30g
海苔・長ねぎ(輪切り)
…各適量
しょうゆ…適量

【作り方】

1. ご飯を盛った丼の真ん中をへこまし、しらすをのせる。
2. 卵黄をのせてお好みで海苔、長ねぎをのせる。
3. しょうゆをかけたらできあがり。

ONE POINT 煎ったしらすを入れると香ばしい丼に早変わりします。残った卵の白身は味噌汁の材料に使おう。

温泉卵をのせたり

ほぼのせるだけ！

温玉天かす丼

【材料】（1人分）

温泉卵…1個
天かす・きざみ海苔…各適量
小ねぎ…少々
めんつゆ（ストレート）…適量

【作り方】

1. ご飯に天かすをのせる。
2. 真ん中に温泉卵をのせる。
3. 小口切りにしたねぎと海苔をまぶし、めんつゆをかけてできあがり。

ONE POINT 市販の天かすを使ってもいいし、天ぷらを作ったときの残りを使ってもOK。

TOTAL PRICE
¥59

溶かしバターを使った即席

温玉カルボナーラ丼

【材料】（1人分）

温泉卵…1個
ベーコン…1枚
水菜…1株
オリーブ油…小さじ1
バター…10g
黒こしょう・粉チーズ…各適量

【作り方】

1. ベーコンは2cm幅に、水菜はざく切りにする。
2. フライパンにオリーブ油を熱し、ベーコンを焼く。ご飯を盛り水菜、ベーコン、温泉卵をのせる。
3. 溶かしバター、粉チーズをかけて黒こしょうをふって完成。

ONE POINT 温泉卵はP.6を参照に自分で作ってみよう!　ベーコンの代わりに明太子やたらこにして、海苔をトッピングしても◎。

かめばかむほど深い味わい

ピリ辛温玉もつ焼丼

【材料】(1人分)

温泉卵…1個　豚もつ肉…50g
にら…1本　にんじん…1/10本(15g)
もやし…1/5袋(40g)　ごま油…大さじ1

A［長ねぎの青い部分…1本分　しょうが(薄切り)…1かた分
酒…大さじ1　水…適量］
B［砂糖・しょうゆ・味噌…各小さじ1　コチュジャン…小さじ1/2］

【作り方】

1. 鍋にもつ、Aを入れて30分以上ゆでこぼし、野菜は食べやすく切る。
2. フライパンにごま油を熱し、もつをしっかりと焼いたら、にんじんとBを加える。
3. 水分がなくなる前ににらともやしを入れて炒め、ご飯に盛り、温泉卵をのせてできあがり。

ONE POINT　もつ料理をおいしくする秘密は、下処理をしっかりすること。この手間だけで名店に負けない味に。大根を加えて煮ても味が染みこんでおいしい。

ニューヨークの人気朝食が丼に

エッグベネディクト丼

【材料】(1人分)

卵…1個　水…たっぷり　酢…大さじ1　塩…少々
バター…20g　あったらスパム(スライス)…2枚

A［卵黄…1個分　マヨネーズ…大さじ1　レモン汁・こしょう…各少々］
ベビーリーフなど葉もの・トマト・ブラックオリーブ(角切り)…各適量

【作り方】

1. 沸騰した湯に酢と塩を入れて弱火にし、箸で円の渦を作り、小皿に割った卵をそっと入れ、しばらく円を描き続ける。全体が白くなったら火を強め、穴あきお玉でそっと取り出す。
2. ボウルにAを加えて混ぜて、溶かしたバターを少しずつ加えながら混ぜる。
3. 軽く両面を焼いたスパム、葉もの、①のポーチドエッグをご飯に盛り、②のソースをかけて、トマトとオリーブをのせる。

ONE POINT　さらにしょうゆやウスターソースをかけたら濃厚な味に。

焼いたり、炒めたり

ダブル目玉でリッチなご飯

目玉焼きチャーシュー丼

【材料】(1人分)

卵…2個
豚バラ肉(ブロック)…70g
ねぎ(青い部分)…1本分
しょうが…1かけ
酒…大さじ1
サラダ油…大さじ1
A[しょうゆ…大さじ2
砂糖・酒・みりん…各大さじ1]

【作り方】

1. 豚肉は1cmの厚さに、しょうがは薄切りにする。
2. フライパンに油を熱し、フタをせずに目玉焼きを作って取り出す。そのまま肉を焦げ目がつくまで両面焼く。
3. シリコンスチーマーにしょうが、ねぎ、酒、②の肉を入れ、レンジで2分加熱して水分をきる。Aを加えてさらに3分加熱し、目玉焼きとともにご飯にのせてできあがり。

ONE POINT 輪切りにしたねぎとラー油を和えてのせても♪

アメリカな朝食をご飯で

ベーコンエッグ丼

【材料】(1人分)

卵…2個	ベーコン…3枚
しょうゆ…少々	水…少々
サラダ油…適量	

【作り方】

1. フライパンに油を少し熱し、ベーコンの片面を焼く。
2. ベーコンをひっくり返し、卵を落として、10秒後に水を加えてフタをする。
3. 卵の白身が白くなってきたら、ご飯にのせて、しょうゆをたらして完成。

ONE POINT ベーコンの代わりに厚めのハムを使ってハムエッグ丼に。

とろり卵が蒸しキャベツにからむ絶品

目玉焼きのせお好み焼き丼

【材料】(1人分)

卵…1個	キャベツ（せん切り）…1と1/2枚（75g）
サラダ油…大さじ2	お好み焼きソース・マヨネーズ…各適量
天かす…大さじ3	紅しょうが…適量
桜海老…20g	青海苔・かつお節…各適量

【作り方】

1. キャベツのせん切りをラップしてレンジで1～2分ほど加熱する。
2. フライパンに油を熱し、桜エビ、天かすを軽く煎って取り出し、フタをせずに半熟状の目玉焼きを作る。
3. ご飯に①と②をのせてお好みでソース、マヨネーズをかけて紅しょうがをのせ、青海苔、かつお節をふって完成。

ONE POINT 桜海老の代わりに海老せんべいを使っても◎。

焼いたり、炒めたり

焼き卵からチーズがとろ〜り

オム明太丼

【材料】(1人分)

卵…2個
明太子…1/2腹
シュレッドチーズ…大さじ2
牛乳…大さじ1
ハーブソルト・こしょう…各少々
オリーブ油…大さじ1
しそ・きざみ海苔・マヨネーズ…各適量

【作り方】

1. 明太子は薄皮から外してほぐす。
2. ボウルに卵を溶き、牛乳、ハーブソルト、こしょうを加える。
3. フライパンにオリーブ油を熱し、②の卵をまわし入れて軽くまぜ、明太子とチーズをのせてオムレツにする。ご飯にしそとともにのせて海苔とマヨネーズをかけて完成。

ONE POINT 小麦粉、バター、牛乳、塩、こしょうを混ぜてホワイトソースをかけたらリッチな味になります。

意外にご飯と合う

オム豚平丼

TOTAL PRICE
¥82

【材料】(1人分)

卵…1個
豚バラ肉…50g
もやし…30g
キャベツ…3枚
長ねぎ…1/3本
塩・こしょう…各適量
サラダ油…大さじ1と1/2
お好み焼きソース・マヨネーズ・青海苔…各適量

【作り方】

1. 豚肉は適度な大きさに、キャベツはせん切りに、長ねぎは小口切りにする。
2. フライパンに油大さじ1を熱し、①ともやしを炒め、塩、こしょうをしてご飯にのせる。
3. 同じフライパンに残りの油を熱し、溶き卵を流しこんで薄焼き卵を作る。ご飯の上の具にかぶるようにのせて、ソース、マヨネーズ、青海苔をかけてできあがり。

ONE POINT さらにひと手間かけて、焼きそばいれてもボリュームたっぷりの丼に♪

ふんわり卵焼きの

オムスフレ丼

【材料】(1人分)

卵(卵黄と卵白をわける)…1個
ミニトマト…3個
ほうれん草…1株
バター…10g
マヨネーズ・ケチャップ…各適量
塩・こしょう…各少々

【作り方】

1. 卵白は角がたつまで泡立てて、卵黄は泡がつぶれないように数回にわけて混ぜ、塩、こしょうをする。
2. トマトとほうれん草は食べやすい大きさに切る。
3. フライパンにバターを熱し、①を流し入れて、半分側にトマト、ほうれん草をのせる。卵がキツネ色になったら半分に折り、野菜とともにご飯にのせて、マヨネーズとケチャップをかけたら完成。

ONE POINT　ハムを入れたり、デミグラスソースをかけてもおいしい。

焼いたり、炒めたり

ナンプラーが味の決めて

炒り卵アジアン丼

【材料】(1人分)

卵…1個
魚肉ソーセージ…1/2本
赤・黄パプリカ…各1/6個
ごま油…小さじ1
サラダ油…大さじ1
A［ナンプラー…小さじ1
塩・こしょう…各少々］
スイートチリソース・バジル
…各適量

【作り方】

1. 魚肉ソーセージ、パプリカは角切りにする。ボウルに卵は溶き、Aを入れておく。
2. フライパンにごま油を熱し、ソーセージとパプリカを炒めて取り出す。
3. 同じフライパンに油を熱し、①の溶き卵を流し入れ、②を加えて炒める。ご飯にのせ、お好みでチリソースをかけてバジルをのせたらできあがり。

ONE POINT もやしと豚肉を入れたらベトナム風に♪

ふんわり、ジューシー！

炒り卵とトマト丼

【材料】（1人分）

卵…1個
トマト…大1/2個
アスパラガス…2本
黒きくらげ（水でもどす）…4個
酒…小さじ1
おろしにんにく・おろししょうが…各小さじ1/2
A［鶏がらスープの素・オイスターソース…各小さじ1/2
塩・こしょう…各少々］

【作り方】

1. トマト、アスパラ、きくらげは食べやすい大きさに切る。
2. フライパンにごま油を熱し、酒を混ぜた溶き卵を半熟になるまで炒めて取り出す。
3. 同じフライパンでアスパラを炒め、火が通ったら、にんにく、しょうが、きくらげを炒めたら、A、トマトを入れて最後に②を加えてご飯にのせる。

ONE POINT　辛さにパンチを入れたい場合は、豆板醤が◎。豚肉を加えれば、ボリュームたっぷりの丼になります。

トロトロ感が食欲をそそる

にら玉あんかけ丼

【材料】（1人分）

卵…2個
にら…2本
たけのこ（水煮）…30g
しいたけ…2枚
紅しょうが…少々
サラダ油…少々
酒…小さじ1
塩…少々
水…1/4カップ
水溶き片栗粉…少々
A［砂糖・しょうゆ…各小さじ1　鶏がらスープの素…小さじ1/2　酢…大さじ1］

【作り方】

1. にらは5mm幅に、たけのこは細切りに、しいたけは小さく角切りにする。
2. 溶いた卵に①、酒、塩を入れて、油を熱したフライパンで両面を焼いてご飯にのせる。
3. 同じフライパンに水とAを入れて、さらに水溶き片栗粉を加えてあんを作る。②のご飯にかけて、お好みで紅しょうがをのせて完成。

ONE POINT　ほぐしたカニかまぼこを入れて、カニ玉にしてもグッド。

とじたり

宮城は登米の人気ジューシーグルメ

卵とじ油麩丼

【材料】(1人分)

卵…1個
油麩(カット)…3個
玉ねぎ…1/4個
水…1/4カップ
A[砂糖・めんつゆ(3倍濃縮)
…各大さじ1]
三つ葉…適量
七味唐辛子…適量

【作り方】

1. 玉ねぎは7mm幅に切り、親子鍋に水、Aとともに入れてフタをして煮る。
2. 火が通ったら油麩を加え、軽く煮たらひっくり返して溶き卵でとじる。
3. ご飯に盛り、お好みで三つ葉をのせ、七味をかけてできあがり。

ONE POINT 食感を楽しむには、油麩を煮過ぎないようにするのがポイント。油麩がない場合はふつうの麩を使っても◎。

香味野菜がアクセントになった

卵とじ三つ葉とみょうが丼

TOTAL PRICE ¥69

【材料】(1人分)

卵…1個
三つ葉…1本
みょうが…1個
めんつゆ(3倍濃縮)
…大さじ1と1/2
水…1/4カップ

【作り方】

1. 三つ葉は3cm幅に、みょうがは斜め切りにする。ボウルに卵を溶く。
2. 親子鍋にめんつゆと水を入れて火にかけ、三つ葉、みょうがを加え、溶き卵をまわし入れてフタをする。
3. 卵のまわりが固まりはじめたら、ご飯に盛ってできあがり。

ONE POINT 薬味の味を楽しむために薄味にしております。お好みで調節して。

食材ひとつで簡単小鉢

次の日の弁当やおかずになるように少し多めの２人分を作ろう。

シャキシャキ感が最高

ピリ辛もやし

【材料】(２人分)

もやし…20g　塩・こしょう…各少々　しょうゆ…小さじ１
食べるラー油…少々

【作り方】

1. もやしを洗い、１～２分ゆでる。
2. ①をざるにあげ、水気をきる。
3. ボウルに入れ、塩、こしょう、しょうゆをかけて器に盛ってラー油をかけて完成。

ほんのり甘い優しい味

さつまいものキンピラ

【材料】(２人分)

さつまいも…40g　いり黒ごま…少々　ごま油…小さじ１
A［砂糖・しょうゆ・みりん…各小さじ1/2］

【作り方】

1. さつまいもは細切りにして、水(分量外)にさらす。
2. フライパンに油を熱し、水気をきった①を焦げ目がつくまで炒める。
3. Aを加え、水気がなくなるまでからめ、器に盛ってごまをまぶして完成。

しんなりピーマンが甘くてジューシー

ピーマンのおかかあえ

【材料】(１～２人分)

ピーマン…２個　かつお節…1/4パック
A［砂糖・しょうゆ・みりん…各小さじ１］

【作り方】

1. ピーマンは細切りにしてレンジ皿に並べる。
2. 混ぜ合わせたAを加え、ラップをしてレンジで40秒加熱して取り出し、軽く混ぜる。
3. 器に盛ってかつお節をあえて完成。

酸味がきいた定番

わかめの酢のもの

【材料】(１～２人分)

乾燥わかめ…2g
A［酢…大さじ１　砂糖・しょうゆ…各小さじ1/2　塩・昆布茶…各小さじ1/4］

【作り方】

1. わかめは水にもどし水気をきっておく。
2. 混ぜ合わせたAを鍋に入れて温めて冷ます。
3. ②にわかめを混ぜて、器に盛って完成。

たよりになる野菜

切ってのせるだけ

照焼きチキン入りのボリュームサラダ

シーザーサラダ丼

【材料】(1人分)

レタス・リーフレタス…各適量
あればパプリカ…適量
クルトン・ローストアーモンドスライス…各適量
鶏もも肉…80g
サラダ油…大さじ1
照焼きのたれ…大さじ2
A［粉チーズ…大さじ1
マヨネーズ…大さじ1
粒マスタード・レモン汁…各小さじ1
塩・黒こしょう…各少々］

【作り方】

1. レタス、リーフレタス、鶏肉はひと口大に、パプリカは角切りにする。
2. フライパンに油を熱して火が通るまで鶏肉を焼き、照焼きのたれを加えてからめる。
3. ご飯にレタスと②の肉をのせ、混ぜ合わせたAをかける。お好みでクルトン、パプリカ、アーモンドをちらしてできあがり。

ONE POINT ローズマリーなど香草と焼くと香りのよいハーブチキンに早変わり。温泉卵をからめてもOK。

ごま風味がきいたごろごろアボカドとトマト

アボトマ丼

【材料】(1人分)

アボカド…1/2個
木綿豆腐…1/4丁
めんつゆ(3倍濃縮)…大さじ1
いり黒ごま…適量
トマト…1/4個
わさび…適量
ごま油…少々
しそ(せん切り)…適量

【作り方】

1 アボカドとトマトは乱切りにしてボウルに入れる。

2 水きりした豆腐はくずしながら、①とあえる。

3 わさび、めんつゆ、ごま油を混ぜて、②とあえ、ご飯に盛り、ごま、しそをちらして完成。

ONE POINT ちょっと贅沢したいときは、アボカドと相性のよいマグロを入れてもグッド。

さっぱりポン酢味の決定版

和風トマト丼

【材料】(1人分)

トマト…1個
塩昆布…少々
しそ…1枚
いり白ごま…少々
A[塩…少々　ごま油・ポン酢…各小さじ1]

【作り方】

1 ひと口大に切ったトマトとAをあえる。

2 ①と細切りにしたしそをあえる。

3 ②をご飯にのせ、仕上げに塩昆布をそえる。

ONE POINT トマトは十分熟したものを使うとよりトマトの甘さ引き立ちます。しらすやじゃこをトマトとあえてもおいしいですよ。

煮たり、炒めたり

TOTAL PRICE ¥87

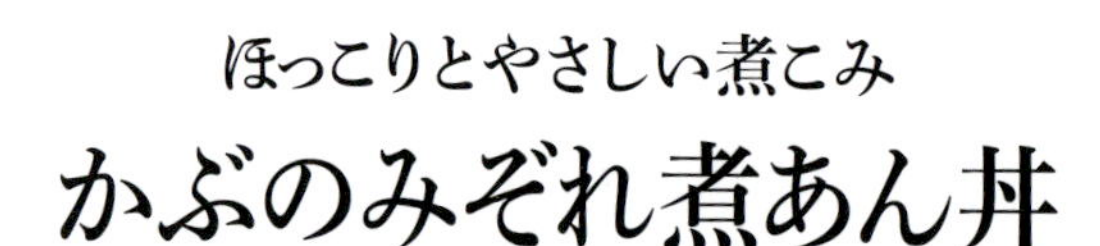

ほっこりとやさしい煮こみ

かぶのみぞれ煮あん丼

【材料】(1人分)

大根…長さ2cmほど(50g)　葉つきかぶ…1個
豚肩ロース肉…40g　ごま油…大さじ1
水…1カップ　水溶き片栗粉…大さじ2
七味唐辛子…適量

A[砂糖・しょうゆ・みりん…各小さじ1
めんつゆ(3倍濃縮)…大さじ1]

【作り方】

1. 大根はおろして、かぶは8等分のくし切りに、かぶの葉と豚肉は食べやすい大きさに切る。
2. 鍋にごま油を熱し、豚肉を軽く炒めたら、かぶと水を加えて火が通るまで煮る。
3. Aと大根おろし、かぶの葉を加えて、火が通ったら、水溶き片栗粉でとろみをつけて、ご飯にのせ、七味をちらして完成。

ONE POINT 汁気が少なくなったら、落としブタをするのがポイント。みぞれ煮は寒い日に食べるのもオススメ。小松菜を使っても◯。

TOTAL PRICE ¥79

錦糸にいなりと具沢山

野菜ちらし丼

【材料】(1人分)

しいたけ…1/2枚　たけのこ(水煮)…20g
れんこん…20g　にんじん…1/10本(15g)
油揚げ…1/2枚　サラダ油…大さじ1
酢…小さじ1　酢水…適量　塩…少々

A[溶き卵…1個分　砂糖…小さじ1/2　酒・塩…各少々]
B[砂糖・しょうゆ・みりん…各小さじ2　水…1/2カップ]

あれば絹さや(固ゆでにして細切り)…1枚
いり白ごま・紅しょうが…各適量

【作り方】

1. 熱したフライパンに油、混ぜ合わせたAを入れて薄焼きを作る。冷めたらせん切りにする。
2. 油揚げと野菜は食べやすい大きさに切り、れんこんは酢水につける。
3. 鍋にB、②を入れて煮つめて、酢と塩を加える。酢をとばしたら、ご飯に盛り、①、絹さや、紅しょうがをのせ、ごまをちらす。

ONE POINT れんこんはアクが強いので、必ず下処理をするのが、おいしくなるコツです。錦糸卵は薄焼きにしたら、フライパンにのせたまま冷ますと卵が取り出しやいですよ。

TOTAL PRICE
¥95

シャキシャキ食感♪

ピリ辛空芯菜炒め丼

【材料】(1人分)

空芯菜…1束
鶏もも肉…80g
おろしにんにく・おろししょうが…各小さじ1/2
A[鶏がらスープの素・しょうゆ…各小さじ1/2　酒…小さじ1
塩・こしょう…各少々]
飾りつけ用唐辛子…適量
唐辛子…1本
ごま油…小さじ1

【作り方】

1. 空芯菜、鶏肉は食べやすい大きさに切る。
2. フライパンにごま油、種を取った唐辛子、にんにく、しょうがを入れて炒め、香りが出たら、肉を焼く。
3. 火が通ったら、空芯菜を加えて強火で炒め、Aで味を調える。ご飯にのせ、お好みで唐辛子をのせて完成。

ONE POINT 青梗菜、小松菜でもおいしく作れます!

桜海老が味の引き締め役に

小松菜炒め丼

【材料】(1人分)

小松菜…2株
にんにく…1かた
オリーブ油…大さじ1
唐辛子(種を抜く)…1本
しょうゆ…小さじ1
長ねぎ…1/4本
ベーコン…1と1/2枚
桜海老…5g
塩・こしょう…各少々

【作り方】

1. 小松菜、長ねぎ、ベーコンは、食べやすい大きさに、にんにくは薄切りにする。
2. フライパンにオリーブ油を熱し、にんにく、桜海老を焼き、唐辛子、ベーコン、小松菜を入れて炒める。
3. 最後に長ねぎを加えて、塩、こしょう、しょうゆで味を調えて、ご飯にのせたらできあがり。

ONE POINT 小松菜の代わりに青梗菜、ほうれん草、春菊などの旬の青菜を使って季節の丼を楽しむのがリーズナブル&おいしいコツ。

TOTAL PRICE
¥93

トマトの酸味とチーズのコク

トマキムチーズ丼

【材料】(1人分)

トマト…1/2個
豚バラ肉…40g
オリーブ油…大さじ1
粉チーズ…適量
にんにく…1かた
キムチ…40g
塩・こしょう…各少々

【作り方】

1. トマト、豚肉、キムチは食べやすい大きさに、にんにくは薄切りにする。
2. フライパンにオリーブ油を熱し、にんにくを色づくまで炒めたら、豚肉を加え、火が通るまで炒める。
3. キムチ、トマトを加えて塩、こしょうをし、ご飯を盛って粉チーズをかけて完成。

ONE POINT とろけるチーズを入れて、熱々のうちに食べるのもおいしいですよ。

TOTAL PRICE
¥32

究極の低価格!? ごま油が香ばしい

大根の葉炒め丼

【材料】(1人分)

大根の葉…1本分
唐辛子…1/2本
いり白ごま…適量
ごま油…小さじ1
A[砂糖…小さじ1/2　しょうゆ・みりん…各小さじ1]

【作り方】

1. 大根の葉を1cm幅ほどに切り、唐辛子を輪切りにして種を取る。
2. フライパンにごま油を熱し、大根の葉と唐辛子を炒める。
3. Aで味つけし、水気が飛ぶまで炒めたらご飯にのせ、ごまをちらしてできあがり。

ONE POINT 大きなスーパーだったら、大根の葉はタダでもらえるかも!?

TOTAL PRICE ¥58

桜海老の旨みが染みこんだ

ロースト玉ねぎの桜海老丼

【材料】(1人分)

玉ねぎ…1/2個
にんにく…1かけ
桜海老…10g
バター…10g
小麦粉…少々
ピーマン(輪切り)…1/4個分
オリーブ油…大さじ1
A[しょうゆ・白ワイン…各小さじ2　レモン汁…小さじ1
塩・黒こしょう…各少々]
レモン(輪切り)…適量

【作り方】

1. 玉ねぎは1cm幅の輪切りにして楊子をさし、小麦粉をふる。にんにくはみじん切りにする。
2. フライパンにオリーブ油、バター、にんにくを熱して香りが出たら、玉ねぎを入れ、フタをして焼く。
3. 火が通ったら、ピーマン、桜海老、Aを入れてご飯に盛り、お好みでレモンをそえる。

ONE POINT　小海老や冷凍のシーフードミックスを入れると本格派の一品になります。

TOTAL PRICE ¥99

アボカドとバターの名コンビ

アボカドきのこバター炒め丼

【材料】(1人分)

アボカド…1/2個
ぶなしめじ…1/5パック(20g)
バター…10g
塩・こしょう…各少々
えのきだけ…1/3パック(65g)
にんにく…1かた
しょうゆ…大さじ1

【作り方】

1. アボカドは乱切りに、えのき、しめじは食べやすい大きさに、にんにくはみじん切りにする。
2. フライパンにバターを熱し、にんにく、えのき、しめじを炒める。
3. 火が通ったら、アボカドを加えて、塩、こしょう、しょうゆを入れてさっとあえたら、ご飯にのせて完成。

ONE POINT　アボカドは形が崩れないようにさっくりと炒めるのがポイント。バターの代わりにマヨネーズを使っても○。

炒めたり

沖縄の家庭料理を丼に

しりしり丼

【材料】（1人分）

大根…長さ1cmほど（25g）
小ねぎ…4本
ごま油…大さじ1
塩・こしょう…各少々
にんじん…1/6本（25g）
卵…1個
めんつゆ（3倍濃縮）…大さじ1
紅しょうが…適量

【作り方】

1. 大根、にんじんはせん切りに、ねぎは4cm幅に切る。
2. フライパンにごま油を熱し、大根、にんじんを炒めて塩・こしょうをする。
3. 火が通ったら、ねぎとめんつゆを加えて、溶き卵を流し入れ炒めて、ご飯にのせ、紅しょうがをそえたらできあがり。

ONE POINT かつお節トッピングもグッド。ツナ缶を使えばコクがある1品になります。

山椒の香りをまとった

もやし山椒炒め丼

【材料】（1人分）

もやし…1/2袋（100g）
唐辛子…1/2本
ごま油…大さじ1
小ねぎ…2本
かまぼこ（ピンク）…1/5本（25g）
A［焼き肉のたれ…大さじ1　粉山椒…適量］

【作り方】

1. 小ねぎは3～4cmの長さに、唐辛子は種を抜いて輪切りに、かまぼこは細切りにする。
2. フライパンにごま油を熱し、唐辛子を入れてかまぼこ、もやしを炒める。
3. もやしに火が通ったら、Aとねぎを加えてご飯にのせてできあがり。

ONE POINT 山椒がなかったら、甘辛だれ（しょうゆと砂糖）でも試してみて。

野菜がたっぷり入った

チャプチェ丼

【材料】（1人分）

もやし…1/8袋（25g）
ピーマン…1/2個
にんじん…1/10本（15g）
玉ねぎ…1/5個
しらたき…1/3玉（60g）
黒きくらげ（水でもどす）…4個
ごま油…大さじ1
A［豆板醤…少々　おろしにんにく・おろししょうが…各適量］
B［砂糖・酒・みりん…各小さじ1　しょうゆ…大さじ1　水…30mℓ］
いりごま（白・黒）・粉唐辛子…各適量

【作り方】

1. もやし以外の野菜は細切りに、しらたき、きくらげは食べやすい大きさに切る。しらたきは塩もみして、熱湯で10分ゆがく。
2. フライパンにごま油を熱し、Aを炒め、火の通りにくい野菜から炒めてしらたき、きくらげ、Bを入れて水分を飛ばしながら炒める。
3. ご飯に盛り、ごまと唐辛子をちらす。

ONE POINT　しらたきは、春雨でも代用可能です。

野菜がたっぷり

ビビンバ丼

【材料】(1人分)

もやし…1/8袋(15g)
ほうれん草…1株
にんじん…1/10本(10g)
大根…長さ1cmほど(25g)
豚ひき肉…50g
ごま油・サラダ油…各小さじ2
A[砂糖・酢…各小さじ1/2
　塩・こしょう…各少々]
B[砂糖・みりん…各小さじ1/2
　しょうゆ…小さじ1]
C[きざみ海苔…少々　いり白ごま…適量
　錦糸卵(市販)・コチュジャン…各適量]

【作り方】

1. もやし、ほうれん草は3cmほどの幅に、にんじん、大根は細切りにする。
2. フライパンにごま油を熱し、にんじん、大根を炒め、残りの野菜を入れたらAで味を調えて取り出す。
3. フライパンに油を熱し、ひき肉を入れて炒めたら、Bを入れて煮つめて②とともにご飯に盛ったらできあがり。お好みで混ぜたCをかける。

ONE POINT　目玉焼きや温泉卵をのせるとマイルドな味になりますよ。

しょうゆだれが野菜にからんだ

甘酢なす丼

【材料】(1人分)

なす…1本
かぼちゃ…薄切り1枚(25g)
ピーマン…1/2個
玉ねぎ…1/4個
ごま油…大さじ2
水溶き片栗粉…大さじ1
A[砂糖・酢・みりん…各大さじ1
しょうゆ…大さじ2]

【作り方】

1. 野菜、豚肉は食べやすい大きさに切り、なすは塩をふり、10分おいたら水で洗い、水気をきる。
2. フライパンにごま油を熱し、野菜を炒めて取り出し、同じフライパンで豚肉を焼く。
3. 火が通ったら野菜をもどし、Aを加え、水溶き片栗粉でとろみをつけたら、ご飯に盛って完成。

ONE POINT ごぼう、れんこん、さつまいもなどの根菜を使うとさらにボリュームたっぷりの丼に♪

炒めたり、揚げたり

まるでうなぎのような味わい!?

ふっくら！　なす蒲焼き丼

【材料】（1人分）

なす…1本
豚バラ肉…60g
小麦粉…適量
サラダ油…大さじ2
A［砂糖・しょうゆ…各大さじ1　みりん…小さじ2］
あったらゆずの皮…適量

【作り方】

1. なすはタテに薄切りにして小麦粉をふる。
2. 豚肉は7cm幅に切り、油を熱したフライパンで両面を焼き、取り出す。
3. ②のフライパンでなすを焼き、火が通ったら余分な油はふき、②の肉をもどし、混ぜ合わせたAをからめる。ご飯にのせて、お好みでゆずをちらして完成。

ONE POINT　山椒・海苔・しそを挟んでも◎。焼きなすにすることで香ばしさがUPします。

ごまの香りが食欲そそる♪

なすピーマン醤丼

TOTAL PRICE
¥86

【材料】（1人分）

なす…1本
ピーマン…1個
豚バラ肉…40g
にんにく・しょうが（ともにおろす）…各1かけ分
サラダ油…大さじ2
ごま油…小さじ1
A［砂糖・酒・しょうゆ・みりん…各小さじ1　テンメンジャン…大さじ1］
いり白ごま…適量

【作り方】

1. なすとピーマンは乱切りに、豚肉はひと口大にする。
2. フライパンに油を熱し、なすを炒めて火が通ったら取り出す。
3. フライパンにごま油、にんにく、しょうが、豚肉を入れて炒め、ピーマンと②を加え、混ぜ合わせたAをあえてご飯に盛り、お好みでごまをちらしたらできあがり。

ONE POINT　テンメンジャンの代わりに赤味噌や信州味噌でも◎。

香味のしそとベーコンの塩味がしみた

なすのはさみ揚げ焼き丼

【材料】(1人分)

なす…1本
しそ…2枚
ベーコン…1枚
片栗粉…適量
サラダ油…大さじ3
きざみ海苔…適量
いり白ごま…適量

【作り方】

1. ベーコンは半分に、なすはタテ半分に切り、ヘタに向かって切りこみを入れて、塩をふり、10分ほどしたら、水で洗い、水気をふく。
2. なすの表面と切りこみ部分に片栗粉をまぶし、しそとベーコンをはさむ。
3. フライパンに油を熱し、両面を焼いて海苔をのせたご飯に盛り、ごまをふって完成。

ONE POINT 食べるときは、しょうゆまたはしょうがじょうゆをかけて。

揚げたり

ちくわのぷりっとした食感の

紅しょうがとちくわのかき揚げ丼

【材料】(1人分)

紅しょうが…適量
ちくわ…2本
薄力粉・氷水…各適量
揚げ油…適量
A[砂糖・しょうゆ…各大さじ1
みりん…小さじ1　だし汁…30mℓ]
紅しょうが・きざみ海苔…各適量

【作り方】

1. 紅しょうがの水気をきり、ちくわは斜め切りにする。
2. ボウルに①のしょうがとちくわを入れ、薄力粉と氷水を入れて軽く混ぜる。鍋にAを入れて、たれを煮立たせる。
3. 180度の揚げ油で②を揚げて油をきり、たれにからめ、ご飯にのせて、海苔、紅しょうがをちらしてできあがり。

ONE POINT たれは、しょうが醤油にすると、より味が引き立つたれになります。

まろやか味の天ぷらのせ

野菜たっぷり味噌天丼

【材料】(1人分)

にんじん…1/5本(20g)
玉ねぎ…1/4個
ピーマン…1個
薄力粉・氷水…各適量
だし汁…30mℓ
揚げ油…適量
A[砂糖…小さじ1
しょうゆ…小さじ2
みりん・味噌…各大さじ1
おろししょうが…適量]
いり黒ごま…適量

【作り方】

1. にんじん、玉ねぎ、ピーマンは細切りにしてボウルに入れ、薄力粉、氷水を加えて軽く混ぜる。
2. 鍋にだし汁、Aを入れて煮立たせる。
3. 180度の揚げ油で①を揚げて油をきり、②のたれをからめてご飯にのせ、ごまをちらしてできあがり。

ONE POINT　コチュジャンを入れるとピリ辛味噌味になります。もちろんたれは天つゆでもおいしいです。

簡単！　さっぱりお漬けもの

ご飯に合うさっぱりとした漬けものを紹介。多めに作れば酒のつまみとしても○。

ヤミつきになること必至

塩キャベツ

【材料】(2人分)

キャベツ…1枚　塩昆布・いり白ごま…各少々　味つけ塩こしょう…少々
ごま油…小さじ1

【作り方】

1. キャベツを洗い、ひと口大に切る。
2. 水気をきった①を器に盛り、味つけ塩こしょうをふり、ごま油をかける。
3. 器にのせて、塩昆布をそえ、ごまをまぶしてできあがり。

簡単&クセになる

セロリの塩もみ

【材料】(2人分)

セロリ…1/2本　糸唐辛子…少々　ごま油…小さじ1/2

【作り方】

1. セロリを斜め薄切りにし、葉の部分も細かく刻む。
2. ①を塩（分量外）でもみ、水気をきる。
3. セロリにごま油をからめ、器に盛り、唐辛子をのせてできあがり。

ゆずの香りがつい箸がすすむ

白菜とゆずの浅漬け

【材料】(1～2人分)

白菜…1/2枚　ゆずの皮…1切れ　唐辛子（種を抜いて輪切り）…1/4本
塩…ひとつまみ

【作り方】

1. 白菜は1cm幅の細切り、ゆずの皮はせん切りにする。
2. 白菜に塩をふりかけ、スチームケースにとうがらしとともに入れて、レンジで30秒加熱する。
3. ケースのサイドをしっかりと持って水気をきり、器に盛り、ゆずをあえてできあがり。

手早くつくれる

ピクルス

【材料】(1～2人分)

にんじん…1／2本(80g)　大根…長さ3cm(90g)
A［水…大さじ4　りんご酢…大さじ2　砂糖…小さじ2　塩…少々
唐辛子（種を抜いて輪切り）…1/2本　ローリエ…1枚］

【作り方】

1. にんじんと大根はスティック状に食べやすい大きさに切る。
2. レンジ皿にAを入れ、レンジで1分30秒加熱して冷ます。
3. ①の野菜を加えて冷まし、器に盛ってできあがり。

魚は
缶詰も
使う

ふわとろ卵に甘だれがからむ

さんま蒲焼き缶の卵とじ丼

【材料】(1人分)

さんまの蒲焼き缶…1/2缶(50g)
長ねぎ…1/3本
溶き卵…1個分
水…1/4カップ
A[砂糖・みりん・味噌…各小さじ1
おろししょうが…小さじ1/2]
きざみ海苔…適量

【作り方】

1. 長ねぎは斜め切りにする。
2. 親子鍋に水、A、長ねぎを入れフタをして煮る。火が通ったらさんまを加えてひと煮立ちさせ、溶き卵でとじる。
3. ご飯にのせ、海苔をちらしてできあがり。

ONE POINT 辛さが欲しい場合は、豆板醤やキムチをのせて。

とろりとあんがまとった

さば缶の大根煮丼

【材料】(1人分)

さばの水煮缶…1/2缶(80g)
にんじん…1/10本(15g)
ゆで卵…1/2〜1個分
大根…長さ1cm(25g)
水…1カップ
水溶き片栗粉…大さじ2
A[砂糖・みりん…各小さじ1　しょうゆ…大さじ1]
小ねぎ(小口切り)…適量

【作り方】

1. 大根は銀杏切り、にんじんは輪切りにしたら、ともにラップをしてレンジで2分加熱する。
2. 鍋に水、大根、にんじん、ゆで卵、Aを入れて火が通るまで煮る。
3. 最後に汁気をきったさばを入れ、水溶き片栗粉でとろみをつけ、ご飯に半分に切ったゆで卵とともにのせてねぎをちらして完成。

ONE POINT 缶詰は煮こむ必要がないので常備しておきたい。味噌煮缶を使えば、味噌味丼になります。

野菜にからむ甘辛味噌

さば缶で甘味噌炒め丼

【材料】（1人分）

さば味噌煮缶…1/2缶（80g）
キャベツ…1枚（50g）
玉ねぎ…1/4個
にんじん…1/10本（15g）
絹さや…5枚
ごま油…小さじ1
おろしにんにく・おろししょうが
…各小さじ1/2
A［砂糖・酒・しょうゆ・
みりん…各小さじ1/2
テンメンジャン…小さじ1］
きざみ海苔…適量

【作り方】

1. 野菜は食べやすい大きさに、さばは缶の汁気をきってひと口大に切り、Aは混ぜ合わせておく。
2. フライパンにごま油を熱し、にんにく、しょうがを入れ、キャベツ、玉ねぎ、にんじんを炒めて火が通ってきたら、絹さやとさばを加える。
3. Aを加えて全体がなじんだら、ご飯にのせてきざみ海苔をちらして完成。

ONE POINT さばではなく、豚肉を使ったら甘味噌炒めではなく、本格回鍋肉を楽しめます。ピリ辛好きにはラー油をかけて。

のせたり、揚げたり

思わずかきこむ代表格

明太子と長いもサクサク丼

【材料】(1人分)

明太子…1/2腹
長いも…3cm(50g)
もみ海苔・小ねぎ(小口切り)・マヨネーズ…各適量

【作り方】

1. 明太子は薄皮を外してほぐす。
2. 長いもは1cmほどの角切りにする。
3. ご飯に①、②を盛り、好みで海苔、ねぎをちらし、マヨネーズをかけて完成。

ONE POINT 長いもは叩くと、のどごしよい丼になります♪

TOTAL PRICE
¥93

卵焼きと漬けもののっけ

鮭フレーク丼

【材料】(1人分)

甘塩鮭…1/2切れ
野沢菜…30g
薄焼き卵…1枚分

【作り方】

1. グリルで鮭を両面焼き、皮と骨を取り除きほぐす。
2. 野沢菜は細かく刻み、薄焼き卵を作ってせん切りにする。
3. ご飯に薄焼き卵、野沢菜、鮭をのせてできあがり。

ONE POINT 高菜やきゅうりの漬物にしても○。食欲のない場合は、お茶漬けにして。

TOTAL PRICE ¥92

金沢のご当地グルメ

ハントンライス丼

【材料】(1人分)

たら…1切れ
パン粉・揚げ油…各適量
水溶き小麦粉…大さじ5
卵…2個
冷凍ミックスベジタブル(常温にもどす)…25g
A[塩・こしょう・あればパセリ粉…各少々
ピクルス(みじん切り)…12g　マヨネーズ…大さじ2]
ケチャップ…適量

【作り方】

1. たらは食べやすい大きさに切り、水溶き小麦粉、パン粉をつけて180度に熱した油で揚げる。
2. 卵1個はゆでて殻をむき、フォークでつぶし、Aと混ぜてタルタルソースを作る。
3. もう1個の卵は溶き、ミックスベジタブルを入れてオムレツを作り、①とともにご飯にのせて、ケチャップ、②のソースをかけたらできあがり。

ONE POINT　本格ハントンライスを楽しみたいならカジキマグロを使って。たらが高い場合や時間がないときは冷凍の白身魚フライでも。鮭フライやから揚げをのせても◎。

TOTAL PRICE ¥81

玉ねぎの甘漬けぞえ

鮭カツレツ丼

【材料】(1人分)

鮭…1切れ
玉ねぎ…1/4個
あればパセリ粉…ひとつまみ
パン粉…適量
塩・こしょう…各少々
水溶き小麦粉…大さじ5
粉チーズ…小さじ1/2
オリーブ油…大さじ3
A[砂糖・みりん…各小さじ1　しょうゆ・酢…各大さじ1
おろししょうが…小さじ1/2]
あればグリーンリーフレタス(適度にちぎる)…適量

【作り方】

1. 鮭は皮と骨を取り、塩、こしょうをし、玉ねぎは薄切りし、Aに漬ける。
2. 鮭に水溶き小麦粉とパセリ、粉チーズを混ぜたパン粉をまぶす。
3. フライパンにオリーブ油を熱し、鮭が火が通るまで両面を焼いてご飯に盛り、①の玉ねぎ漬けをのせて、レタスをそえて完成。

ONE POINT　鮭は塩の加工具合で、こしょうのみにするなど加減をして。玉ねぎは時間をかけて漬けこむほどに味がなじみます。

焼いたり、炒めたり

ふくよかなうまみが絶妙

チリマヨシーフード丼

【材料】(1人分)

シーフードミックス…65g
玉ねぎ…1/4個
オリーブ油…大さじ2
スイートチリソース…大さじ1
塩・こしょう…各少々
アスパラ…2本
酒…適量
片栗粉…適量
マヨネーズ…大さじ1

【作り方】

1. シーフードミックスは酒につけて水気をきり、アスパラは乱切り、玉ねぎは薄切りにする。
2. フライパンにオリーブ油を熱し、片栗粉をまぶしたシーフードミックスを焼き、野菜を加えて炒める。
3. 火が通ったらチリソース、塩、こしょうを加えて火を止め、マヨネーズをからめてご飯にのせてできあがり。

ONE POINT　スイートチリソースを入れるだけで味にコクが出ます。シーフードの代わりに肉を使っても○。

脂がのった焼き魚!

焼きさば塩ほぐし丼

TOTAL PRICE ¥98

【材料】(1人分)

塩さば(3枚おろし)…1切れ
梅干し…2個
しそ…2枚
たくあん…適量

【作り方】

1. さばはていねいに骨を取り、梅干しは種を取り除いてたたく。
2. グリルでさばを両面焼く。
3. 焼いたさばは2～3cm幅に切り、梅干し、たくあんとともにしそをのせたご飯に盛ってできあがり。

あじやさんまでもOK。梅干しの代わりに大根おろしをのせても◎。

酒の〆にはピッタリ

ぽんぽん焼き七味マヨ丼

【材料】(1人分)

いか…1杯
ごま油…大さじ1
A［おろししょうが…小さじ1/2
酒・みりん…各小さじ2
しょうゆ…大さじ1］
マヨネーズ・七味唐辛子
…各適量

【作り方】

1 いかは足、わた、すみ袋と肝を
つぶさないように引き抜き、
目、軟骨を取り除いて輪切りに、
足は食べやすいように切る。

2 ボウルに肝を絞り出し、Aを入れて混ぜ、
①のいかを入れて冷蔵庫で30分以上つける。

3 フライパンにごま油を熱し、②を焼き、
ご飯にのせてマヨネーズをそえ、
七味をかけて完成。

ONE POINT 香ばしく焼いたにんにくや唐辛子を加えてもグッド。黒七味もオススメ!

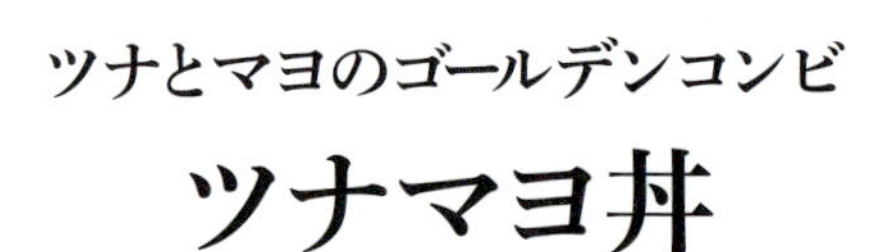

ツナとマヨのゴールデンコンビ

ツナマヨ丼

【材料】（1人分）

ツナ缶…1/2缶（40g）
小ねぎ…少々
きざみ海苔…少々
マヨネーズ…適量
しょうゆ・塩・こしょう…各少々

【作り方】

1. ツナ缶の水気をしっかりきり、しょうゆ、塩、こしょうをあえる。
2. ①をご飯に盛る。
3. マヨネーズをかけて、小ねぎ、海苔をまぶしてできあがり。

ONE POINT オイル浸けのツナ缶の場合、しっかりと油をきることがポイント。

しょうがの風味の

ツナしぐれ煮丼

【材料】（1人分）

ツナ缶…1缶（80g）
たけのこ（水煮）…10g
水…1/4カップ
めんつゆ（3倍濃縮）…小さじ1
ぶなしめじ…1/10パック
しょうが…1かけ
サラダ油…大さじ1
A［砂糖・酒・みりん…各小さじ1　しょうゆ…大さじ1］

【作り方】

1. ツナ缶の水気をきり、しめじ、たけのこは食べやすい大きさに、しょうがはせん切りにする。
2. 鍋に水、ツナ、しょうが、Aを入れて煮こむ。
3. フライパンに油を熱し、しめじ、たけのこを炒めてめんつゆで味を調え、②とともご飯に盛り、残っていたら、しょうがをのせて完成。

ONE POINT 豚ひき肉を使ったら、そぼろしぐれ煮丼を楽しめます♪

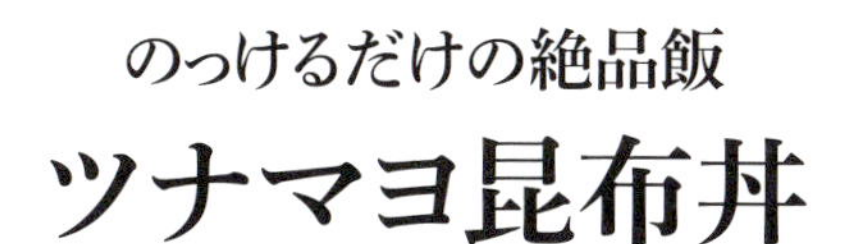

のっけるだけの絶品飯

ツナマヨ昆布丼

【材料】(1人分)

ツナ缶…1/2缶(40g)
長ねぎ…1/4本
しそ…2枚
塩昆布…適量
マヨネーズ・ラー油…各適量

【作り方】

1. ツナ缶の水気をきり、ほぐす。
2. ねぎは輪切りにして、しそはせん切りにする。
3. ご飯に塩昆布、しそをちらし、
ツナとねぎをのせ、
お好みでマヨネーズ、ラー油を
かけてできあがり。

ONE POINT めんつゆ、ごま油、卵をおとしてもグッド。

海苔とチーズの絶品コラボ

ツナ缶とクリームチーズのっけ丼

【材料】(1人分)

ツナ缶…1/2缶(40g)
クリームチーズ…30g
小ねぎ・きざみ海苔・あればあられ…各適量
わさび・しょうゆ…各適量

【作り方】

1. ツナ缶は水気をきってほぐし、ねぎは小口切り、
クリームチーズは1cm角に切る。
2. ツナとクリームチーズは軽くあえて、
海苔とともにご飯にのせる。
3. かつお節、ねぎ、あられをちらし、
わさび、しょうゆをかけてできあがり。

ONE POINT ツナの代わりに明太子やたらこでもおいしいですよ。

丼のおとも

日々のあったかスープ

具を増やせば軽食にもなっちゃう和風から中華、洋風スープまでアレンジ汁を紹介。

青森は八戸の郷土料理

せんべい汁

【材料】（1人分）

鶏もも肉…40g　大根…1/20本（50g）　にんじん…1/10本（10g）
水…1カップ　南部せんべい（汁用）…1枚
めんつゆ（3倍濃縮）…大さじ2　小ねぎ　適量

【作り方】

1. 鶏肉は小さめに、大根とにんじんは銀杏切りにする。
2. 鍋に水、大根、にんじんを入れて煮る。沸騰したら、鶏肉を加えてアクを取りながら煮る。
3. 鍋にめんつゆを加え、せんべいを割り入れて器に盛り、ねぎをちらして完成。

卵と味噌でまろやか味

豆腐チゲぶっかけ

【材料】（1人分）

豚薄切り肉…30g　にら…1/4束　豆腐…1/4丁　水…3/4カップ
A［酒・味噌・ごま油・コチュジャン・粉唐辛子…各小さじ1
　ダシダ…小さじ1/2　おろしにんにく・おろししょうが…各小さじ1/4］

【作り方】

1. 豚肉、にら、豆腐は食べやすい大きさに切る。
2. 鍋に水、混ぜあわせたAを入れて火にかける。
3. 豆腐と豚肉を入れて煮こみ、できあがる直前ににらを加えて器に盛ってできあがり。

クリーミーな定番スープをアレンジ

コーンスープ

【材料】（2人分）

コーンクリーム…1/2缶（200g）　玉ねぎ…1/2個　バター…10g
豆乳…1/2カップ　水…1/2カップ
A［コンソメ…1個　塩・こしょう…各適量］
クルトン…適量　パセリ…少々

【作り方】

1. 鍋にバターを温め、みじん切りにした玉ねぎを入れて炒め、火が通ったら水を加えて10分ほど煮る。
2. コーンクリーム、豆乳、Aの順で鍋に加え、弱火で煮る。
3. 器に盛り、クルトン、刻んだパセリをのせてできあがり。

カラダがあたたまる

野菜たっぷりしょうが中華汁

【材料】（1人分）

豚ひき肉…40g　小松菜…1株　長ねぎ…1/4本
しょうが（せん切り）…1かけ分　ごま油…小さじ1/2　水…3/4カップ
A［酒…小さじ1　鶏がらスープの素・オイスターソース…各小さじ1/2
　塩・こしょう…各少々］

【作り方】

1. 小松菜は3cm幅に、長ねぎは斜め切りにする。
2. 鍋にごま油、しょうが、ひき肉を入れて軽く炒め、水とAを加える。
3. ①の野菜を加えて煮こんだら、器に盛って完成。

いつもときめくのは肉

そぼろあれこれ

TOTAL PRICE ¥65

人気の家庭料理を丼で

餃子あん丼

【材料】(1人分)

豚ひき肉…80g
キャベツ…1/2枚(25g)
長ねぎ…1/4本
水溶き片栗粉…大さじ1
白菜…1/3枚(30g)
にら…2本
ごま油…大さじ1

A[オイスターソース・しょうゆ…各小さじ1
鶏がらスープの素…小さじ1/2　塩・こしょう…各少々
おろしにんにく・おろししょうが…各小さじ1/4]

唐辛子(輪切り)…適量
ラー油・ポン酢…適量

【作り方】

1. 白菜、キャベツ、にら、ねぎはみじん切りにし、フライパンにごま油を熱し、ひき肉を炒める。
2. 火が通ったら、にら以外の野菜を加えて炒め、Aを入れて味を調える。
3. 最後ににらを入れ、水溶き片栗粉でとろみをつけたらご飯にのせてお好みで唐辛子、ラー油やポン酢をかけて完成。

ONE POINT　餃子の具をあんにするだけで、ジューシーな丼に早変わり。柿ピーを使った食べるラー油も試してみて。(P.78)

TOTAL PRICE ¥80

甘辛味噌の盛岡名物

じゃじゃ丼

【材料】(1人分)

豚ひき肉…50g
たけのこ(水煮)…30g
ごま油…小さじ1
きゅうり…1/4本
しいたけ…1/2枚
おろししょうが…小さじ1/2

A[砂糖・練りごま・しょうゆ…各大さじ1
テンメンジャン…大さじ2]

紅しょうが…適量

【作り方】

1. きゅうりはせん切りに、たけのこ、しいたけはみじん切りにする。
2. フライパンにごま油を熱し、ひき肉、しょうがを炒めて、火が通ったら、たけのこ、しいたけ、Aを加える。
3. 味がなじんだら、盛ったご飯にのせ、きゅうり、紅しょうがをそえてできあがり。

ONE POINT　テンメンジャンではなく、普通の味噌を使ってもコクがでます!

TOTAL PRICE
¥77

どっさりねぎをのせて

汁無しピリ辛担々丼

【材料】（1人分）

豚ひき肉…50g
しいたけ…1枚
唐辛子（輪切り）…1/2本分
たけのこ（水煮）…40g
にんにく・しょうが…各1かけ
ごま油…小さじ1

A［鶏がらスープ…1/4カップ　味噌・ごまペースト…大さじ1
砂糖・すりごま・酒・しょうゆ・テンメンジャン…各小さじ1
豆板醤…小さじ1/2　ラー油…お好みの量］

九条ねぎ（輪切り）　1/4本

【作り方】

1. たけのこ、しいたけ、にんにく、しょうがはみじん切りにする。
2. フライパンにごま油を熱し、にんにく、しょうが、唐辛子、ひき肉を炒め、①の野菜を加えてさらに炒める。
3. 火が通ったら、混ぜ合わせたAを加え、軽く煮つめてご飯に盛り、ねぎをのせてできあがり。

ONE POINT　卵でとじれば、マイルドな味に。みじん切りしたザーサイを入れるとコクがプラスされます。

肉味噌ととろとろ卵の

うま辛坦々丼

【材料】（1人分）

豚ひき肉…30g
にら…2本
卵…1個
練りごま…小さじ1
長ねぎ…1/4本
もやし…1/4袋（50g）
ごま油…大さじ1
水溶き片栗粉…小さじ2

A［にんにく…1/2かた　豆板醤…小さじ1/2］
B［鶏がらスープの素…小さじ1/2　水…30mℓ　味噌…小さじ1］

【作り方】

1. 長ねぎ、にら、にんにくはみじん切りにする。
2. フライパンにごま油を熱し、Aを入れて香りがたったら、ひき肉を入れ、火が通るまで炒め、B、野菜を加える。
3. 練りごまを入れ、水溶き片栗粉でとろみをつけ、溶き卵を流しこみ、少し固まり始めたらご飯にのせてできあがり。

ONE POINT　練りごまがない場合は、すりごまをたっぷり使ってもオーケー。

そぼろあれこれ

肉と野菜のうまみがたっぷり

キーマカリー丼

【材料】（1人分）

合びき肉…50g
にんじん…1/10本（15g）
玉ねぎ…1/4個
トマト…1/2個
オリーブ油…大さじ1
水…1/4カップ
おろしにんにく・おろししょうが…各小さじ1/2

A［チリパウダー…少々　カレーパウダー…大さじ1/2］
B［ウスターソース・はちみつ・顆粒コンソメ…各小さじ1/2
　塩・こしょう…各少々　ココナッツミルクパウダー…大さじ1］

ベビーリーフ…適量

【作り方】

1. 野菜はあらみじん切りにし、Aは軽く混ぜる。
2. 鍋にオリーブ油を熱し、にんにく、しょうが、ひき肉、Aを入れて炒める。
3. 玉ねぎ、にんじん、B、水を加えて煮こみ、トマトを入れ、水分がなくなったら、ご飯に盛って、ベビーリーフをそえて完成。

ONE POINT　肉の代わりに冷凍シーフードミックスを使ったカレーもおいしいです。本格派はガラムマサラやナツメグを入れて。

トルコのスパイシー料理♪

そぼろケバブライス丼

【材料】（1人分）

鶏ひき肉…100g
サラダ油…大さじ1

A［砂糖…大さじ1/2　しょうゆ・ウスターソース…各大さじ1
　ヨーグルト…小さじ1/2　カレー粉…小さじ1
　ナツメグ・ガラムマサラ・黒こしょう…各少々］
B［マヨネーズ…大さじ1　ケチャップ…小さじ2
　レモン汁…小さじ1/2　ヨーグルト…小さじ1　チリパウダー…少々］

レタス・リーフレタス（ひと口大）・ミニトマト…各適量

【作り方】

1. フライパンに油を熱し、ひき肉を炒めたら、Aを入れて味をからめる。
2. Bを混ぜてソースを作る。
3. ご飯にレタス、トマト、①をのせて、②のソースをかけてできあがり。

ONE POINT　本格的なコクを出すなら、玉ねぎ、にんにくのすりおろしを肉にもみこみ、焼いた肉にチーズやトマトをのせるといいですよ。

しょうが味が隠し味

ピリ辛そぼろ丼

【材料】(1人分)

豚ひき肉…70g
たけのこ(水煮)…20g
しいたけ…1/2枚
長ねぎ…1/4本
揚げ油…適量
春雨…少々
ごま油…大さじ2
豆板醤…少々
おろししょうが…小さじ1/2
A[酒・みりん・味噌…各小さじ1]
レタス(ひと口大)…適量

【作り方】

1 野菜はみじん切りにし、フライパンに油を熱し、5cm幅に切った春雨をパリッと揚げて油をきる。

2 同じフライパンにごま油を熱し、豆板醤、しょうがを入れてさらにひき肉を加え、火が通るまで炒める。

3 野菜、Aを入れて水気がなくなるまで炒めたら、レタスをのせたご飯に盛ってできあがり。

ONE POINT 淡白な味の鶏肉を使えば、ピリ辛な味が一層に引き立ちます。

カツ揚げたり

お麩を使ったかさましテク

ミルフィーユカツ丼

【材料】(1人分)

豚バラ肉…3枚(70g)
しそ…1枚
焼き麩…1個
とろけるチーズ…1枚
卵…1個
牛乳…小さじ1
水溶き小麦粉…大さじ5
パン粉・揚げ油…各適量
サラダ油…大さじ1
塩・こしょう…各少々
ソース・青海苔…各適量

【作り方】

1. 水でもどした麩は水気をしぼり、しそ、チーズとともに肉にはさみやすい大きさに切る。
2. 豚肉に塩、こしょうをし、3枚重ねた肉の間に①をはさみ、水溶き小麦粉、パン粉をつけて180度に熱した油で揚げる。
3. フライパンに油を熱し、牛乳を加えた溶き卵を流し入れてオムレツを作り、カツとともにご飯にのせてソースと青海苔をかけて完成。

ONE POINT 麩をもどすときは、だし汁につけておくと味がしみこみます。明太子や海苔をはさんでもOK。

たれがしみた駒ヶ根名物

ソースカツ丼

【材料】(1人分)

豚ロース薄切り肉…80g
塩・こしょう…各少々
水溶き小麦粉…大さじ5
パン粉・揚げ油・キャベツ
…各適量
A［砂糖・ウスターソース・
ケチャップ・みりん
…各大さじ2］

【作り方】

1. キャベツはせん切りに、豚肉は筋を切り、塩、こしょうをして水溶き小麦粉、パン粉をつける。
2. 鍋にAを入れて軽く火を通してたれを作る。
3. 180度に熱した油で①を揚げ、②のたれにからめてキャベツとともにご飯に盛ってできあがり。

ONE POINT 肉をチキンカツにしてもオーケー。豚こま切れ肉でも代用可能です。ソースの代わりに、しょうゆを使えば新潟タレカツ丼に♪

から揚げ　揚げたり

TOTAL PRICE ¥41

たっぷりねぎの甘だれがけ

油淋鶏丼

【材料】（1人分）

鶏むね肉…100g
長ねぎ…1/4本
小麦粉・片栗粉…各大さじ1
揚げ油…適量
A［スイートチリソース・しょうゆ…各大さじ1
酢・ごま油…各小さじ1
おろししょうが…小さじ1/2］
B［酒・しょうゆ…各大さじ1
おろししょうが…小さじ1/2］

【作り方】

1. 長ねぎは輪切りにし、混ぜ合わせたAに入れて味をなじませてたれを作る。
2. 鶏肉は食べやすい大きさに切り、ビニール袋にBとともに入れて30分以上冷蔵庫でねかす。
3. 小麦粉と片栗粉を混ぜ、②の肉につけて、180度に熱した油で揚げたらご飯にのせ、①のたれをかけてできあがり。

ONE POINT　忙しいときは、市販のお惣菜や冷凍から揚げを使って工夫して。

大人気のケチャップあん♪

から揚げトマトだれ丼

【材料】(1人分)

鶏もも肉…100g　揚げ油…適量

A[おろしにんにく・おろししょうが…各小さじ1/2　ごま油…小さじ1
酒・しょうゆ…各小さじ1　塩・こしょう…各少々]

B[溶き卵…1個分　小麦粉・片栗粉…各大さじ1]

C[砂糖…小さじ1　ケチャップ…大さじ2　ウスターソース…大さじ1]

ミニトマト・パセリ…各適量

【作り方】

1. 鶏肉はひと口大に切り、Aとともにボウルに入れて軽く混ぜ、冷蔵庫で30分以上ねかして、Bをからませる。
2. 170度の揚げ油で①を色づくまで揚げて一度取り出し、5分ほどおき、さらに200度で揚げて油をきる。
3. フライパンに混ぜ合わせたCと②を火にかけながら、からめてご飯にトマト、パセリとともにのせて完成。

ONE POINT 味噌・マヨネーズ・みりん・砂糖各大さじ1を混ぜてつけだれにすると味噌マヨ揚げにして、違う味のから揚げにトライしてみて。

ぴりっと韓国風だれ

から揚げジャン丼

【材料】(1人分)

鶏もも肉…100g　揚げ油…適量

A[おろしにんにく・おろししょうが…各小さじ1/2
酒・しょうゆ・ごま油…各小さじ1　塩・こしょう…各少々]

B[溶き卵…1個分　小麦粉・片栗粉…各大さじ1]

C[砂糖・しょうゆ・酢・ごま油・コチュジャン…各小さじ1]

長ねぎ(輪切り)・糸唐辛子…各適量

【作り方】

1. 鶏肉はひと口大に切り、Aとともにボウルに入れて軽く混ぜ、冷蔵庫で30分以上ねかして、味をなじませたらBをからませる。
2. 170度の揚げ油で①を色づくまで揚げて一度取り出し、5分ほどおき、さらに200度で揚げて油をきる。
3. 混ぜ合わせたCとからめて、ご飯に盛り、お好みでねぎ、唐辛子をのせて完成。

ONE POINT Cにみりんを加えて、大根おろしをのせればさっぱり和風おろしに♪

から揚げ 揚げたり

カリカリ焼き鶏のソースがけ

ドミグラチキン丼

TOTAL PRICE
¥88

【材料】(1人分)

鶏もも肉…120g
塩・こしょう…各少々
玉ねぎ…1/2個
バター…10g
サラダ油…小さじ1
A［顆粒コンソメ…小さじ1/2
　中濃ソース・ケチャップ
　　…各大さじ2
　赤ワイン…大さじ1］
グリーンピース…適量

【作り方】

1. 鶏肉は塩、こしょうをし、厚さが均等になるように包丁でたたき、玉ねぎは薄切りにする。
2. フライパンにバターを熱し、火が通るまで玉ねぎを炒めてAを加えて煮こんでソースを作る。
3. フライパンに油を熱し、皮面からキツネ色になるまで焼き、裏返してフタをし、火が通るまで焼いて、ご飯に盛り、②、グリーンピースをかけて完成。

ONE POINT　焼き上がりにとろけるチーズをのせるとコクが出ます。

にんにくがきいた信州名物♪

山賊焼き丼

【材料】(1人分)

鶏もも肉…120g
片栗粉・揚げ油…各適量
A［しょうゆ…大さじ1
酒・みりん…各小さじ1
おろしにんにく・おろししょうが…各小さじ1/2］
カイワレ大根…適量
さくら漬け…適量

【作り方】

1. 鶏肉は厚さが均等になるように包丁でたたき、ボウルにAとともに入れて軽く混ぜ、冷蔵庫で30分以上ねかして片栗粉をまぶす。
2. 170度の揚げ油で①を色づくまで揚げて一度取り出し、5分ほどおき、さらに200度で揚げて油をきる。
3. ご飯にカイワレ大根とともにのせて、漬物をそえてできあがり。

ONE POINT 肉はひと口大に切り、卵でとじれば変わり親子丼♪

鶏　焼いたり、茹でたり

ほんのりはちみつがからんだ

鶏の甘辛丼

TOTAL PRICE
¥64

【材料】（1人分）

鶏むね肉…80g
いんげん…3本
玉ねぎ…1/4個
塩・こしょう…各少々
サラダ油…大さじ2
小麦粉…適量
A［おろしにんにく…小さじ1/3
　砂糖・みりん・はちみつ
　　…各小さじ1
　しょうゆ…大さじ1］
いり白ごま…適量

【作り方】

1. 鶏肉、いんげん、玉ねぎは食べやすい大きさに切り、肉は塩、こしょうをし、小麦粉をまぶす。Aを混ぜて鍋に入れ、軽く煮つめておく。
2. フライパンに大さじ1の油を熱し、いんげん、玉ねぎを炒めて取り出し、残りの油を入れて、鶏肉を焼く。
3. 火が通ったら、②の野菜をもどし、Aをからめてご飯に盛り、ごまをちらしてできあがり。

ONE POINT　鶏手羽を使った甘辛丼も鶏のコクが楽しめる1品に。

ナンプラーを使ったベトナム風

鶏のナッツがけ丼

【材料】（1人分）

鶏むね肉…80g
プチトマト…2個
玉ねぎ・ピーマン…各1/4個
ごま油…小さじ1/2
A［砂糖・ナンプラー・オイスターソース・おろしにんにく…各小さじ1/2］
バジル粉・ピーナッツ・サニーレタス（適度にちぎる）…各適量

【作り方】

1. 鶏肉は食べやすい大きさに、野菜は1cmほどの角切りにする。
2. フライパンにごま油を熱し、鶏肉を炒めて、火が通ったら玉ねぎ、ピーマン、Aを入れて炒めて、最後にトマトを加える。
3. サニーレタスをのせたご飯に盛り、バジルと細かくくだいたピーナッツをちらして完成。

ONE POINT むね肉をジューシーにするコツは、鶏肉1枚に対し、砂糖大さじ1/2をまぶし、洗って水気をきること。ぜひ試してみて。

鶏肉を使った焼き肉

タッカルビ丼

【材料】（1人分）

鶏もも肉…80g
ピーマン…1個
ごま油…大さじ1
玉ねぎ…1/4個
にんにく・しょうが…各1かけ
A［砂糖・酒・しょうゆ・みりん…各大さじ1　コチュジャン…小さじ1］

【作り方】

1. 鶏肉はひと口大に、玉ねぎ、ピーマンは薄切りにする。にんにく、しょうがはすりおろし、Aとあわせる。
2. 鶏肉を①のたれにつけて30分以上ねかす。
3. フライパンにごま油を熱し、①の野菜と②の肉を炒め、②で残ったたれをからめたら、ご飯に盛ってできあがり。

ONE POINT トックを加えてさらにボリューム丼に♪

豚焼いたり

TOTAL PRICE ¥75

豚肉と野菜のあんかけ

ユッケジャン風丼

【材料】(1人分)

豚バラ肉…50g
長ねぎ…1/6本
玉ねぎ…1/6個
にら…2本
にんじん…1/10本(15g)
卵…1個
にんにく(みじん切り)…1かた分
水溶き片栗粉…大さじ1
ごま油…小さじ1
A[鶏がらスープの素・砂糖・コチュジャン…各小さじ1/2
酒・しょうゆ…各小さじ1]
糸唐辛子…適量

【作り方】

1. 豚肉はひと口大に、野菜は食べやすい大きさに切り、卵は溶いておく。
2. 鍋にごま油を熱し、にんにくをさっと炒め、①の肉とにら以外の野菜を加えて炒める。
3. 水1/4カップとAを加え、野菜に火が通るまで煮こみ、にらを入れ、水溶き片栗粉でとろみをつけて、溶き卵を加えたらご飯に盛り、お好みで唐辛子をのせて完成。

ONE POINT　水溶き片栗粉を入れずにあんなしの丼にしたら、クッパ風が堪能できます。

TOTAL PRICE ¥94

にんにく風味の甘辛焼き肉

豚プルコギ丼

【材料】(1人分)

豚こま肉…80g
玉ねぎ…1/4個
にんじん…1/10本(15g)
黄パプリカ…1/10個
にら…1本
ごま油…大さじ1
A[砂糖・酒・しょうゆ・りんごジュース…各大さじ2
ごま油…小さじ1　コチュジャン…小さじ1/2
にんにく(薄切り)…1かけ分　粉唐辛子…少々]

【作り方】

1. 玉ねぎは5mm幅に、豚肉、ほかの野菜は食べやすい大きさに切る。
2. ビニール袋に①の野菜と肉、Aを入れてもみこみ、冷蔵庫で30分以上ねかせる。
3. フライパンにごま油を熱し、②を火が通るまで焼いてご飯にのせたらできあがり。

ONE POINT　りんごジュースを入れることで肉がやわらかくなり、ほんのり甘くてジューシーな仕上がりになります。

甘辛だれがからんだ

豚といんげん炒め丼

【材料】(1人分)

豚バラ肉…60g
玉ねぎ…1/4個
ごま油…大さじ1
いんげん…6本
にんじん…1/10本(15g)
にんにく・しょうが…各1かた

A[砂糖・みりん…各小さじ1　しょうゆ…大さじ1]

【作り方】

1. 豚肉、野菜は食べやすい大きさに切り、にんにく、しょうがはみじん切りに、いんげんはラップをしてレンジで1分加熱する。
2. フライパンにごま油を熱し、にんにく、しょうがを入れ、豚肉を焼いたら、火の通りにくい野菜から炒める。
3. 火が通ったら、Aをからめて、ご飯にのせたらできあがり。

ONE POINT　お弁当にもよい1品です。またにんにくの芽を使うのも手。

ご飯がすすむ濃厚だれ♪

豚焼き味噌マヨ丼

【材料】(1人分)

豚肩ロース肉…60g
なす…1/2本
ごま油…大さじ2
マヨネーズ…大さじ1
にんじん…1/10本(15g)
玉ねぎ…1/4個
唐辛子(種を抜く)…1本分

A[しょうゆ・味噌・みりん…各小さじ1]

【作り方】

1. 豚肉はひと口大に、野菜は食べやすい大きさに切り、なすは塩をふり、10分おいたら水で洗い、水気をきる。
2. フライパンにごま油を熱し、唐辛子、①の野菜を軽く炒めて取り出し、豚肉を焼く。
3. 野菜をもどし、Aをからめ、最後にマヨネーズでテリをつけて、ご飯にのせたらできあがり。

ONE POINT　辛党は、豆板醤、甘党は砂糖を入れて。

豚焼いたり

しょうゆ味で味わい深く

豚と青梗菜丼

【材料】(1人分)

豚バラ肉…60g
たけのこ(水煮)…20g
にんじん…1/10本(15g)
酒…小さじ1/2
片栗粉…適量
青梗菜…1/2株
玉ねぎ…1/4個
黒きくらげ(水でもどす)…4個
しょうゆ…小さじ1
ごま油…小さじ1

A[鶏がらスープの素・砂糖…各小さじ1/2
しょうゆ…小さじ1　塩・こしょう…各少々]

いり黒ごま…適量

【作り方】

1. 豚肉はひと口大に切り、酒としょうゆにつけ、野菜、きくらげは食べやすい大きさに切る。
2. 水気をきった豚肉に片栗粉をまぶし、ごま油を熱したフライパンで焼く。
3. ②に火の通りにくい野菜から加えて炒め、きくらげを入れて炒めたら、Aで味を調え、ご飯に盛り、ごまをちらしてできあがり。

ONE POINT　小松菜やカニカマを入れるのもオススメ。

一気にかきこみたくなる甘辛だれ

豚のこってり焼き丼

【材料】(1人分)

豚バラ肉…80g
玉ねぎ…1/4個
しいたけ…1/2枚
にんじん…1/10本(15g)
にら…2本
サラダ油…小さじ1

A[砂糖・酒・しょうゆ・はちみつ…各小さじ1
みりん・おろしにんにく…各小さじ1/2]

【作り方】

1. 豚肉、野菜は食べやすい大きさにし、Aは混ぜ合わせておく。
2. フライパンに油を熱し、豚肉を炒めて、野菜を加える。
3. 火が通ったら、Aをからめて、ご飯にのせて完成。

ONE POINT　味つけに手早く焼き肉のたれを使ってもおいしい。

甘いたれにふんわり卵のせ

カリカリ豚焼き丼

【材料】(1人分)

豚バラ肉…80g
卵…1個
だし汁…大さじ1
サラダ油…小さじ1
A［しょうゆ…大さじ2
砂糖・みりん…各大さじ1
ごま油…小さじ1］
グリーンピース…適量

【作り方】

1. 豚肉はひと口大に切り、卵はだし汁とともにほぐす。
2. フライパンに油を熱し、卵を炒って取り出したら豚肉を入れて両面焼き、Aをからめる。
3. 器に②をのせて、お好みでグリーンピースをトッピングしてできあがり。

ONE POINT 辛さが欲しいならばコチュジャンまたは豆板醤を加えて。

今日は茶漬けか

今日は茶漬けか

時間がないときや食欲のない日は、ささっとお茶漬けにして食べたい３品。

ふんわり卵がグ〜

卵スープ雑炊

【材料】（1人分）

卵…1個
ほうれん草…1/4束
長ねぎ…少々
水…1カップ
A［鶏がらスープの素…小さじ1　塩・こしょう…各少々］
きざみ海苔・いり白ごま・三つ葉　各適量

【作り方】

1. ねぎは薄く、ほうれん草は5cm幅に切る。
2. 鍋に水を入れ、沸騰したら①を加え、Aで味を調えて、溶き卵を入れる。
3. ご飯に②をかけ、海苔、ごま、三つ葉を入れて完成。

カリカリにぎりをあえて茶漬けで

焼きおにぎり茶漬け

【材料】（1人分）

おにぎり…2個
だし汁…1カップ
だしじょうゆ…適量
塩…少々
三つ葉（ちぎる）・小ねぎ（輪切り）・いり白ごま・きざみ海苔・かつお節・あられ…各少々

【作り方】

1. だしじょうゆをしみこませながら、網でおにぎりを適度に焦げ目がつくまで両面焼く。
2. だし汁を鍋で温め、塩を加える。
3. 丼に①を入れ、②をかけ、三つ葉、ねぎ、ごま、海苔、かつお節、あられをかけて完成。

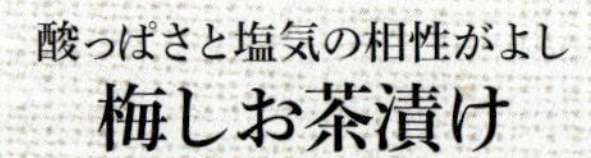

酸っぱさと塩気の相性がよし

梅しお茶漬け

【材料】（1人分）

梅干し…2個
塩昆布…少々
だし汁…1カップ
しそ・きざみ海苔・ごま・あられ…各少々

【作り方】

1. だし汁を温める。塩は加えないこと。
2. 梅干しの種を取り、ご飯にのせる。
3. ①をかけて、塩昆布、細切りしたしそ、海苔、ごま、あられをまぶして完成。

やっぱり欠かせない ねり物・揚げ・納豆・豆腐・加工品・お菓子

ちくわ、はんぺん

こくうまだれで決める

手ぬきのちくわ天丼

【材料】(1人分)

ちくわ…3本
薄力粉・氷水…各適量
揚げ油…適量
A[砂糖・しょうゆ…各大さじ1　みりん…小さじ1　だし汁…30mℓ]
青海苔・いり黒ごま・しば漬け…各適量

【作り方】

1. ちくわは薄力粉、氷水を混ぜた衣にからめ、180度に熱した油で揚げて、油をきる。
2. 鍋にAを入れて煮立たせて味を調え、①のちくわをからめる。
3. 斜め切りにしたちくわ、青海苔、しば漬けとともにご飯にのせ、ごまをちらして完成。

ONE POINT 衣に青海苔をまぶすと、磯風味豊かなちくわ天になります。素揚げした、ごぼうやれんこんにAのたれとからめてボリュームUP丼に。

天かすのサクサク感がグッド

ちくわタヌキ丼

【材料】(1人分)

ちくわ…2本
卵…1個
小ねぎ…少々
水…1/4カップ
玉ねぎ…1/2個
天かす…適量
めんつゆ(3倍濃縮)…大さじ1

【作り方】

1. ちくわは適度な大きさに、玉ねぎは薄切りにしてフライパンに入れ、めんつゆと一緒に煮る。
2. 火が通ったところで、溶いた卵をまわし入れ、半熟になったら火を止めて天かすを入れる。
3. ②をご飯にのせて、小ねぎをまぶして完成。

ONE POINT ちくわは味がしみこむまで、しっかりと煮て。天かすは仕上げる直前で入れることでサクサク感を保てます。

ふんわりさっくり

はんぺん竜田丼

【材料】(1人分)

はんぺん…1/2枚(60g)
片栗粉・揚げ油…各適量

A［酒・しょうゆ…各大さじ1
　おろししょうが…小さじ1/3］
B［サニーレタス(ちぎる)…適量
　プチトマト(半分に切る)…2個
　紫キャベツ(せん切り)…適量
　紫玉ねぎ(薄切り)…適量］

マヨネーズ…適量

【作り方】

1. ビニール袋にA、ひと口大に切ったはんぺんを入れて軽くつける。
2. ①に片栗粉をまぶし、180度に熱した油で両面揚げる。
3. ご飯にBと②をのせてマヨネーズをそえてできあがり。

ONE POINT　カジキマグロ、鮭、鶏肉、豚肉を使った竜田揚げも試してみて。

厚揚げ、油揚げ

ぴりっとしょうがのせ

油揚げのねぎ味噌だれ丼

【材料】（1人分）

油揚げ…1枚　長ねぎ…10cmほど
サラダ油…小さじ1
A［味噌・みりん…各大さじ1　砂糖…小さじ1　しょうが…1かけ］
しそ…2枚　おろししょうが…適量

【作り方】

1. 油揚げは食べやすい大きさに、ねぎは輪切りにし、しょうがはおろす。
2. フライパンに油を熱し、カリッとなるまで油揚げを焼き、取り出す。
3. ねぎとAを混ぜてたれを作り、ご飯に盛ったしそ、揚げにかけて、しょうがをのせて完成。

ONE POINT　大根おろしをのせてさっぱり味をプラスして。

意外とボリュームあり

油揚げのしょうがじょうゆがけ丼

【材料】（1人分）

油揚げ…3枚
白髪ねぎ…少々
A［しょうゆ…適量　おろししょうが…少々］

【作り方】

1. 油揚げは適度な大きさに切り、Aを混ぜてしょうがじょうゆを作る。
2. フライパンに油はひかず、両面に焦げ目がつくくらいまで油揚げを焼く。
3. ご飯に②を盛り、白髪ねぎをのせ、しょうがじょうゆをかけて完成。

ONE POINT　しょうがじょうゆの代わりにめんつゆをあけたり、じゃこやしそを混ぜても○。

ご飯にトロリとからむあんかけ

厚揚げ中華丼

【材料】(1人分)

厚揚げ…1/4パック
にんにくの芽…3本
たけのこ(水煮)…20g
黒きくらげ(水でもどす)…4個
水溶き片栗粉…小さじ1
ごま油…大さじ1

A[豆板醤…少々
おろししょうが…小さじ1/2]
B[酒・鶏がらスープの素
…各小さじ1/2
砂糖・しょうゆ…各小さじ1]

【作り方】

1. にんにくの芽は4cm幅に切り、ラップをして1分加熱し、厚揚げ、たけのこ、きくらげは食べやすい大きさに切る。
2. フライパンにごま油を熱し、厚揚げを両面焼いて取り出し、Aを入れたら野菜を加えて炒め、きくらげ、厚揚げ、Bを入れて炒める。
3. 水溶き片栗粉を入れ、とろみをつけたらご飯に盛ってできあがり。

ONE POINT 厚揚げの代わりに焼豆腐や木綿豆腐を使ってもOK。豚肉を入れたら、ボリュームが出ます。

焼き肉だれがご飯にあう

豆腐で肉巻き丼

【材料】(1人分)

木綿豆腐…1/4丁(75g)
豚バラ肉…3枚(60g)
焼き肉のたれ…大さじ2
小麦粉…適量
ごま油…小さじ1
塩・黒こしょう…各少々
しそ(せん切り)・いり黒ごま
…各適量

【作り方】

1. 水きりした豆腐はタテ半分の3等分に切り、ビニール袋に焼き肉のたれ大さじ1とつける。
2. 豚肉は塩、こしょうをし、①の豆腐に巻いて小麦粉をまぶす。
3. フライパンにごま油を熱し、肉のつなぎ目から両面を焼き、火が通ったら、焼き肉のたれ大さじ1をからめて、しそをのせたご飯に盛り、ごまをちらして完成。

ONE POINT より肉の食感を出すなら、焼き豆腐や高野豆腐を使うと○。贅沢気分を味わうには牛肉の薄切りを巻いて。

中華の一番人気メニュー

麻婆豆腐丼

【材料】(1人分)

豚ひき肉…80g　豆腐…1/2丁
にら…少々　水溶き片栗粉…適量
サラダ油…大さじ1

A[味噌・豆板醤・テンメンジャン・ラー油・おろししょうが・鶏がらスープの素・しょうゆ…各小さじ1/2]

小ねぎ…適量

【作り方】

1. 豆腐はひと口大にし、水気をきり、にらは1cm幅に切る。
2. 少量の油を熱したフライパンでひき肉を炒め、Aと豆腐、にらを入れる。
3. 火が通ったら、水溶き片栗粉でとろみをつけ、ご飯に盛り、小ねぎをちらしてできあがり。

ONE POINT 豆腐の代わりになすを入れれば、麻婆なす、春雨を入れれば麻婆春雨のできあがり。

豆腐の味を楽しむあっさり味

塩麻婆豆腐丼

TOTAL PRICE ¥90

【材料】(1人分)

絹豆腐…1/2丁(150g)　豚ひき肉…50g　青梗菜…1/4株
にんじん…1/10本(15g)　長ねぎ…1/4本
しょうが(みじん切り)…1/2かた分　春雨(3～4cmに切る)…20g
水溶き片栗粉…大さじ1　ごま油…小さじ1

A[水…1/2カップ　鶏がらスープの素…小さじ1/2]
B[オイスターソース・酒・しょうゆ…各小さじ1　塩・こしょう…各少々

小ねぎ(輪切り)・粉唐辛子…各適量

【作り方】

1. 水きりした豆腐は角切りに、青梗菜はタテ半分に、にんじんは細切りに、ねぎは輪切りにする。
2. フライパンにごま油を熱し、しょうが、ひき肉を炒め、A、春雨、青梗菜、にんじんを入れて煮こみ、火が通ったらねぎ、豆腐、Bをひと煮立ちさせる。
3. 水分が少し残った状態になったら、火を弱めて水溶き片栗粉でとろみをつけてご飯に盛り、ねぎ、唐辛子をちらして完成。

ONE POINT 煮こんでいるときに水分が足りなくなったら、少々水を足して。

豆腐

TOTAL PRICE
¥59

手早くできてお腹にやさしい
炒り豆腐の卵とじ丼

【材料】(1人分)

絹豆腐…1/4丁(75g)
鶏ひき肉…50g
卵…1個
ごま油…大さじ1
A[砂糖・みりん…各大さじ1　しょうゆ…大さじ2]
一味唐辛子・長ねぎ(せん切り)…各適量

【作り方】

1. 豆腐は水きりをし、卵は溶く。
2. フライパンにごま油を熱し、ひき肉を炒めて火が通ったら、豆腐をくずしながら炒めてAを加える。
3. 溶き卵をまわし入れて炒めたら、ご飯に盛り、好みで一味、ねぎをのせて完成。

ONE POINT 輪切りいんげんを入れたら、歯ごたえのよい仕上がりになります。

TOTAL PRICE
¥66

野菜を使った人気沖縄料理
簡単！豆腐チャンプル丼

【材料】(1人分)

木綿豆腐…1/5丁(60g)
ベーコン…1と1/2枚
にら…1本
にんじん…1/10本(15g)
もやし…1/5袋(40g)
卵…1個
ごま油…大さじ1
めんつゆ(3倍濃縮)…大さじ1
塩・こしょう…各少々
かつお節…適量

【作り方】

1. 水きりした豆腐、ベーコン、にら、にんじんは食べやすい大きさに切る。
2. フライパンにごま油を熱し、ベーコン、にんじん、もやしを炒めて塩・こしょうをする。
3. 豆腐とにらを加えて炒め、めんつゆを加えて溶き卵をまわし入れて炒めたらご飯に盛り、かつお節をちらしてできあがり。

ONE POINT 豆腐の代わりになすを入れれば、麻婆なす、春雨を入れれば麻婆春雨のできあがり。

TOTAL PRICE ¥75

焼き麩と味噌が隠し味

豆腐バーグ海苔ちらし丼

【材料】(1人分)

木綿豆腐…1/4丁(75g)
焼き麩(水でもどす)…1/2個
しそ…2枚
鶏ひき肉…70g
長ねぎ…1/4本
サラダ油…大さじ1
A[おろししょうが・味噌…各小さじ1/2
砂糖・みりん…各小さじ1　しょうゆ…大さじ1]
大根おろし・きざみ海苔・しょうゆ…各適量

【作り方】

1. 麩、長ねぎはみじん切りに、しそはせん切りにし、ボウルにひき肉、水きりした豆腐、Aとともにを入れて混ぜる。
2. フライパンに油を熱し、しっかりとまとめた①のたねを火が通るまで焼く。
3. ご飯に②のバーグ、大根おろしをのせ、しょうゆをかけて、海苔をちらして完成。

ONE POINT　ハンバーグのたねがまとまりにくい場合は片栗粉やパン粉、おろした麩を入れて。ポン酢をかけてもおいしいですよ。

TOTAL PRICE ¥34

シンプルの極み

豆腐あんかけ丼

【材料】(1人分)

絹豆腐…1/2丁(150g)
水…1/4カップ
油揚げ…1/4枚
水溶き片栗粉…大さじ2
A[めんつゆ(3倍濃縮)…大さじ1　砂糖…小さじ1]
長ねぎ(みじん切り)・カイワレ大根…各適量

【作り方】

1. 豆腐は1.5cm幅に、油揚げは1cmほどの角切りにする。
2. 油揚げはフライパンでカリカリになるまで焼いて、鍋には水とAを入れ、水溶き片栗粉でとろみをつけ、豆腐を加えて煮る。
3. 温まってきたら、ご飯に盛り、油揚げ、ねぎ、カイワレをのせてできあがり。

ONE POINT　お腹が空いていたら、肉そぼろや生卵を入れて、ボリュームアップ丼にして。

納豆

TOTAL PRICE
¥39

とろ〜りチーズが入った

納豆オムレツ丼

【材料】(1人分)

納豆…1パック
納豆のたれ…1袋
卵…1個
とろけるチーズ…1枚
サラダ油…大さじ1
小ねぎ(小口切り)・マヨネーズ…各適量

【作り方】

1. ボウルに納豆、たれを混ぜ、卵を入れてさらに混ぜる。
2. フライパンに油を熱し、①を流し入れて軽く混ぜあわせてチーズをのせる。
3. ふちが少し固まりかけたら、卵をよせながらご飯に盛り、ねぎとマヨネーズをかけてできあがり。

ONE POINT
半熟に仕上げるには、卵を入れたらあまり動かさないこと。キムチを入れた納豆キムチ丼もオススメ。

豆の香ばしい香り

焼き納豆じゃが丼

【材料】(1人分)

納豆…1パック
納豆のたれ…1袋
じゃがいも…中1個
長ねぎ…1/4本
片栗粉…小さじ1/2
サラダ油…大さじ1
大根おろし・かつお節・きざみ海苔…各適量

【作り方】

1. じゃがいもはゆでてつぶし、長ねぎは輪切りにする。
2. ボウルに納豆とたれを混ぜあわせたら、ねぎ、片栗粉を入れて混ぜて、食べやすい大きさにまとめる。
3. フライパンに油を熱し、②のたねを両面焼いたら、ご飯に盛り、大根おろし、かつお節、海苔をかけて完成。

ONE POINT
お好みでしょうゆやポン酢をかけて。たねに卵をからめると、まとまりやすくなります。

TOTAL PRICE
¥75

ごま風味をトッピング

納豆そぼろ丼

【材料】（1人分）

納豆…1パック
豚ひき肉…30g
ごま油…大さじ1
納豆のたれ・からし…各1袋
木綿豆腐…1/2丁（150g）

A［砂糖・しょうゆ・味噌・みりん…各小さじ1］

青海苔・きざみ海苔…各適量

【作り方】

1. 納豆はたれとからしを入れて混ぜ、豆腐は水きりをする。
2. フライパンにごま油を熱し、豚肉を焼き、火が通ったら豆腐をくずしながら炒める。
3. 納豆とAを加えて炒めたら、ご飯に盛り、青海苔ときざみ海苔をちらしてできあがり。

ONE POINT　しっかり炒めれば、くさみがなくなり、納豆嫌いな人でもイケる1品になります。

栄養満点の代名詞

納豆ねばねば丼

【材料】（1人分）

納豆…1パック
オクラ…3個
温泉卵…1個
めんつゆ（ストレート）…適量
きゅうり…1/3本
キムチ…適量
きざみ海苔…適量

【作り方】

1. おくらはさっとゆで、5mm幅に、きゅうりは角切りにする。
2. ご飯におくら、きゅうり、納豆、キムチ、温泉卵を盛る。
3. きざみ海苔をのせ、めんつゆをかけて完成。

ONE POINT　マグロやめかぶをトッピングしてもおいしい。

ソーセージとベーコン、ハム

ふわふわ卵のせ

魚肉ソーセージでチャンプル丼

【材料】(1人分)

魚肉ソーセージ…1/2本
溶き卵…1個分
めんつゆ(3倍濃縮)…小さじ2
小ねぎ(小口切り)…適量
もやし…1/3袋
ごま油…小さじ1
塩・こしょう…各少々

【作り方】

1. ソーセージは5mm幅の斜め切りにする。
2. フライパンにごま油を熱し、①、もやしを入れて炒め、塩、こしょうをして味を調える。
3. 火が通ったら、めんつゆ、溶き卵を加えて軽く火を通したら、ご飯にのせ、ねぎをちらしてできあがり。

ONE POINT ピリ辛好きには、唐辛子を加えて炒めて。海苔やかつお節をのせるだけで磯の味が楽しめます。

TOTAL PRICE ¥91

甘くて辛い！ クセになる

魚肉ソーセージのトッポギ風丼

【材料】(1人分)

魚肉ソーセージ…1本
玉ねぎ…1/4個
水…1/2カップ
にんじん…1/10本(15g)
ぶなしめじ…1/5パック
ごま油…大さじ1

A[砂糖・コチュジャン…各小さじ1　牛肉ダシダ(韓国だし)・酒・しょうゆ・みりん…各小さじ1/2]

【作り方】

1. 魚肉ソーセージは斜め切り、野菜は食べやすい大きさに切る。Aは混ぜあわせておく。
2. フライパンにごま油を熱し、にんじん、玉ねぎを炒め、さらに魚肉ソーセージとしめじを加えて炒める。
3. Aと水を加えて、水分がなくなるまで煮たら、ご飯に盛ってできあがり。

ダシダの代わりにコンソメ、鶏がらスープの素を使ってもオーケー。ソーセージの代わりにさつま揚げ、はんぺん、ちくわを使っても。

TOTAL PRICE ¥75

ガーリックがほんのり香る

ソーセージの和風バター炒め丼

【材料】(1人分)

ソーセージ…2本　小松菜…2株
しいたけ…1枚　にんにく…1かけ
オリーブ油…小さじ2　バター…5g
めんつゆ(3倍濃縮)…大さじ1　塩・こしょう…各少々

【作り方】

1. ソーセージ、小松菜は食べやすい大きさに、しいたけ、にんにくは薄切りにする。
2. フライパンにオリーブ油とバターを熱し、にんにくを入れ、香りが出るまで焼く。
3. 小松菜、しいたけ、ソーセージを加えて、軽く炒めたら、塩、こしょう、めんつゆを入れてさっと炒めてご飯に盛ったらできあがり。

ONE POINT　めんつゆの代わりにポン酢またはハニーマスタードにしても◯。

熱々にソースをかけて

懐かしハムカツ丼

【材料】(1人分)

ハム…2枚　小麦粉・パン粉…適量
溶き卵…1個分　揚げ油…適量
グリーンリーフレタス(ちぎる)…適量
中濃ソース・辛子…各適量

【作り方】

1. ハムに小麦粉をまぶし、溶き卵にくぐらせ、再び小麦粉と溶き卵にくぐらせてパン粉をまぶす。
2. 180度の揚げ油で、①のハムを揚げて油をきる。
3. ご飯にレタスとともに盛り、ソースをかけて好みで辛子をそえて完成。

ONE POINT　チーズを葉酸で揚げると濃厚な味に。

お菓子

お酒の〆にピッタリ!?

柿ピーの食べるラー油丼

【材料】(1人分)

柿ピーナッツ…1/4袋(10g)
さきいか…4本
桜海老…5g
長ねぎ…1/4本
玉ねぎ…1/10個
卵黄…1個分
ごま油…大さじ3
A[いり白ごま・ラー油…各適量
しょうゆ・コチュジャン…各小さじ1]
小ねぎ(輪切り)…適量

【作り方】

1 長ねぎ、玉ねぎはみじん切りにし、熱したフライパンにさきいか、桜海老とともに入れて弱火で炒める。

2 柿ピーはビニール袋に入れてたたき、①に加えて火からおろす。

3 ②が冷めたら、Aをあわせ、ご飯に卵黄とともにのせてねぎをちらしてできあがり。

ONE POINT すぐに火が通るので炒めるときは、弱火でじっくりと仕上げるのがコツ。

パリパリと香ばしい鶏の巻き揚げ

柿ピー梅のり風味鶏巻き丼

【材料】(1人分)

柿ピーナッツ…1袋(40g)
かつお梅干し…1個
水溶き小麦粉…大さじ5
塩・こしょう…各少々
しそふりかけ・しそ(せん切り)・わさび…各適量
鶏ささみ…2本(100g)
海苔…全型2/8枚
揚げ油…適量

【作り方】

1. 観音開きにしたささみは、塩、こしょうをし、柿ピーはビニール袋に入れて、梅干しは種を抜いてともにたたく。
2. ささみに海苔、梅肉をのせて巻き、水溶き小麦粉と柿ピーをつける。
3. 油を熱したフライパンで転がしながら揚げ焼きにし、ふりかけ、しそ、わさびをのせたご飯に盛って完成。

ONE POINT すぐに焦げるので、目を離さずに揚げるのがポイント。

あのお菓子を使ったお手軽丼

じゃがっこサラダ丼

【材料】(1人分)

ポテトスティック菓子(サラダ味)…1/2個
ハム(細切り)…2枚分
レタス…2枚
きゅうり…適量
塩・こしょう・マヨネーズ…各適量

【作り方】

1. じゃがりこにカップ七分目までお湯を注ぎ、3分たったら湯ぎりする。
2. 塩、こしょう、マヨネーズを加えてかき混ぜてポテトサラダを作る。
3. レタスをご飯にのせ、②とハム、薄切りにしたきゅうりを盛って完成。

ONE POINT もちろんじゃがりこ全部を使ってもOK。いずれも3分待たずに湯ぎりして、ちょっとサクサク感が残ったポテトサラダもおいしい。

小嶋貴子

神奈川県在住の元プロスノーボーダー。一児の母。
クロージングブランドVOLCOMファミリーとして国内、海外遠征に出かけた際山に移住すること、通称「山篭り」生活で限られた食材で作る簡単＆おいしいレシピを多数修得、そのおかげか長年続いた遠征で磨いた料理の腕はスノーボード業界随一と言われている。現在は子育てという忙しい生活のなかで手軽ですぐできるレシピを日々研究中。

Staff

料理制作　小嶋貴子
撮影　末松正義、林芳美、小野塚章
デザイン　大森由美（ニコ）
編集　喜多布由子

新装版　100円丼

2018年3月10日　第1刷発行

著　者　小嶋 貴子
発行者　佐野 裕
発行所　トランスワールドジャパン株式会社
〒150-0001
東京都渋谷区神宮前6-34-15 モンタービル
Tel.03-5778-8599 ／ Fax.03-5778-8743
印刷・製本　三松堂株式会社
Printed in japan

ISBN978-4-86256-227-2